아시아의 문화예술

박진태 · 홍영림 · 김현욱 · 요코야마 타로 공
이병도 · 서종문 · 이재숙 · 고은강 · 김채원 저

대구대학교출판부

□ 집필자 소개(논문 순서)

· 박 진태 - 대구대학교 교수, 한국고전극 전공
논저: 『한국고전극사』, 『한국고전희곡의 확장』

· 홍 영림 - 인하대학교 시간강사, 중국고전극 전공
논저: 「명청대 화북 향촌극 연구」, 「중국 전통극 배우에 대한 연극학적 고찰」

· 김 현욱 - 인하대학교 시간강사, 일본고전극 전공
논저: 『翁信仰의 生成』, 「牛說話와 渡來文化」

· 요코야마 타로(横山太郎) - 일본 跡見學園女子大學 교수, 일본고전극 전공
논저: 「日本的 身体論의 形成」, 「身体의 近代」

· 이 병도 - 한국외국어대학교 교수, 태국어문학 전공
논저: 『비즈니스 태국어』, 『가장 알기 쉬운 태국어 첫걸음』

· 서 종문 - 경북대학교 명예교수, 한국고전문학 전공
논저: 『판소리의 역사적 이해』, 『고전문학의 사회역사적 소통』

· 이 재숙 - 한국외국어대학교 시간강사, 인도철학 전공
논저: 『나띠야 샤스뜨라』, 『인도의 경전들』

· 고 은강 - 서울과학기술대학교 교수, 도교문화 전공
논저: 「A Socio-cultural Interpretation of Healing Music」, 「We Define Music, Music Defines Us」

· 김 채원 - 한양대학교 교수, 북한무용 전공
논저: 『최승희 춤』, 「재일조선인 무용연구」

발행 | 2011년 2월 25일
지은이 | 박진태 외
펴낸이 | 홍덕률
펴낸곳 | 대구대학교출판부
경북 경산시 진량읍 대구대로 201
전화 053) 850-5661~3 | 팩스 053) 850-5669
http://press.daegu.ac.kr/
찍은곳 | 남경기획
ISBN 978-89-7794-561-6-93800
정가 | 10,000원

아시아의 문화와 예술을 찾아서

아시아의 정체성은 무엇인가? 아시아는 지리적 개념이다. 인종적으로는 몽골 인종(동북아시아, 중앙아시아, 동남아시아, 시베리아)과 코카서스 인종(남아시아, 서남아시아)이, 문화적으로는 유목문화(몽골, 중앙아시아, 서남아시아)와 농경문화(동북아시아, 동남아시아, 남아시아)가, 종교적으로는 불교(동북아시아, 동남아시아의 일부)와 이슬람교(서남아시아, 중앙아시아, 동남아시아의 일부)와 힌두교(남아시아)가 혼재하고 있기 때문이다. 역사적으로 보더라도 서남아시아의 메소포타미아문명은 북아프리카의 이집트문명과 유럽의 그리스문명 및 로마문명과 교류가 활발하게 이루어졌지만, 인도문명이나 중국문명은 산맥과 사막이 외부와 격리시켜 독자적인 특성을 지니게 되었다.

아시아는 찬란한 문화예술의 유산을 가지고 있지만, 서세동점의 역사와 서구중심사관으로 인하여 정당한 조명과 평가를 받지 못하고 서양예술에 비하여 열등하고 진부한 것으로 인식되기에 이르렀으며, 일반인만이 아니라 교육현장에서도 부정적인 시각이 여전하다. 그러나 아시아의 전통예술은 예술적으로 우수하고, 인류문화유산으로서 보존해야 할 가치가 있으며, 현대예술의 창조에 영감의 원천이 될 수 있다. 기술의 진보와 경제발전에 상응해서 문화에 대한 사회적 인식이 확산되고, 일반인들도 아시아의 문화예술에 대해서도 관광을 통해서 접할 기회가 많아졌다. 따라서 학문의 대중화를 통해서 아시아문화예술에 대한 사회적 수요를 충족시키며, 아시아문화예술의 인류문화유산적 가치를 재인식시키고, 문화콘텐츠로 개발하는 데 기여할 필요가 있다.

이 책은 아시아의 전통예술을 가면과 연극, 문학, 음악과 무용의 3부 체제로 나누어 소개하였다. 아시아의 문학, 연극, 음악, 미술, 무용을 연구하는 대표적인 학자들이 집필하여 아시아의 문화예술에 관한 입문서의 성격을 띤다. 그리하여 독자는 이 책을 통하여 아시아의 문화적 정체성을 찾고, 아시아인이 문화적으로 교류하고 소통하며 융합·공존해온 사실을 확인할 수 있을 것이다.

목 차

제1부 아시아의 가면과 연극

제2부 아시아의 문학·음악·무용

제 1 부

아시아의 가면과 연극

| Chapter 1 |

아시아의 탈과 탈놀이

박 진태

1. 탈의 속성

탈이란 무엇인가? 인간은 왜 탈을 만들어 춤을 추고 놀이를 하는가? 먼저 탈의 말뜻으로 탈의 속성에 접근해본다. 탈은 '덧보기'라고도 불린다. 본래의 얼굴에 덧씌우는 다른 얼굴이라는 뜻이다. 한자어로는 한국과 일본은 '가면(假面)'을, 중국은 '면구(面具)'를 주로 사용한다. 탈이란 말은 '일에 탈이 생겼다', '배에 탈이 났다', '재주가 많은 것도 탈이 되나', '무슨 일에나 탈을 잡으려 한다'는 말처럼 변고, 사고, 병, 흠, 트집의 뜻이 있다. 이러한 탈을 없애는 것이 탈이다. 탈을 쓰고서 재난과 질병을 막거나 없애는 것이다. 그런가 하면 '탈을 벗고 정체를 밝혀라', '천사의 탈을 쓴 악마', '죽은 아비의 탈을 쓰고 술타령을 하느냐'는 말처럼 은폐, 거짓, 복제의 뜻으로도 쓰인다. 이러한 위장과 위선의 탈을 벗기기 위해서도 탈이 필요하다. 이것이 탈의 역설(paradox)이다.

탈은 기본적으로 얼굴을 가리는 은폐 구실을 한다. 그러나 방독마스크나 도둑의 복면처럼 얼굴의 가리개나 보호도구의 구실만 하면 탈이 예술이 될 수 없다. 탈이 조각품이 되려면 표정과 상징을 지녀야 한다. 탈에 의해서 인간은 신이 되고, 동물로도 변신한다. 탈은 남자를 여자로 성을 전환시키고, 천민을 왕으로 신분을 바꿀 수 있다. 직업과 성격도 바꿀 수 있다. 탈에는 희로애락의 감정이 표현되고, 상징적인 뜻이 들어 있다. 하회탈을 보면, 실눈에 생글생글 웃는 부네는 기쁜 표정이고, 실눈을 하고 너털웃음을 웃는 양반탈은 즐거운 표정이다. 반면에 입을 새침하게 다물고 오른쪽 눈은 지긋이 내리뜨고 왼눈은 살짝 치뜬 각시는 슬픈 표정이고, 고리눈으로 쏘아보는 초랭이, 할미, 선비는 분노의 표정이다. 그리고 처용이 청색·적색·백색·흑색·황색의 옷을 입는 것은 동서남북과 중앙을 상징한다. 늙은 노승탈의 검은 색과 젊은 취발이탈의 붉은 색은 각각 겨울과 여름을 상징한다. 눈을 뜨고 있는 연잎탈은 하늘을, 눈을 감고 있는 눈끔적이탈은 땅을 상징한다. 또 우창부탈의 오른쪽으로 굽은 코는 성공을, 좌창부의 왼쪽으로 굽은 코는 실패를 상징한다. 이처럼 탈은 인간의 본래 얼굴을 은폐하여 다른 존재로 변신시키는데, 표정이 조형화되고 상징적인 의미가 부여된다.

인간은 왜 이러한 탈을 만들고 탈춤을 추는가? 신라의 헌강왕이 남산에 갔을 때 남산의 산신이 나타나 춤을 추었으나, 그것을 헌강왕만 보고, 다른 사람들은 보이지 않았다. 그래서 헌강왕이 남산신의 탈을 만들어 쓰고 남산신의 춤을 흉내 내어 사람들에게 남산신의 춤을 보여주었다고 한다. '예술은 자연의 모방이다'라는 말이 있듯이 헌강왕이 신의 얼굴을 모방하여 탈을 만들고, 신의 춤을 모방하여 춤을 춘 것이다. 이래서 위대한 종교가 있는 민족만이 위대한 예술을 창조한다는 말을 한다. 종교가 예술의 모태이고 원천인 것이다. 우리나라 고대 예술도 제천의식에서 발생하였다. 마찬가지로 하회탈놀이도 마을의 안녕과 풍요다산을 비는 뜻으로 광대가 서낭각시탈을 쓰고서 춤을 추고 혼례를 치른다. 신을 즐겁게 하기 위해서 신이 인간세계에 와서 춤추고, 노래하고, 결혼하고, 나쁜 귀신을 쫓아내고, 농사를 지어주고 되돌아가는 과정을 연극적인 굿으로 논 것이 원래의 탈춤이고 탈놀이이다. 그러나 영남지방에는 양반의 하인 말뚝이가 양반의 뒷조사를 하여 동네사람들을 모아놓고 폭로할 때 자신의 정체를 숨기기 위해 탈을 만들어 연극을 하였다고 한다. 비로소 신을 위해서가 아니라 인간의 현실문제를 다루며 스스로 즐기는 연극을 하기에 이른 것이다.

2. 아시아 탈의 종류

탈은 일반적으로 기능 면에서 신앙탈과 예능탈로 구분한다. 신앙탈은 다시 신성탈과 벽사(辟邪)탈로 나뉘는데, 산신의 탈이나 서낭신의 탈은 신의 얼굴을 조각한 것이므로 신성하게 여겨지고, 처용탈이나 네 개의 황금색 눈이 달린 방상시는 악귀를 내쫓는다. 그리고 예능탈에는 무용탈과 연극탈이 있다. 그러나 분류의 기준과 관점을 달리하여 세분화하기도 한다. 토템탈은 단군신화의 곰처럼 직접적인 조상으로 믿거나 조상과 관련이 있다고 여기는 토템동물의 탈이다. 풍요제의탈은 제주도의 입춘굿에서 긴 수염이 달린 붉은 색 탈을 쓴 농부가 씨

앗을 뿌리면, 새가 쪼아 먹고, 그 새를 포수가 쏘아 죽이는 것과 같이 풍요다산을 비는 탈이다. 의술탈은 제주도의 도깨비영감의 탈처럼 질병의 원인이 되는 역귀(疫鬼)의 탈을 쓰고 춤을 추어 역귀를 떠나보낸다. 영혼탈로는 중국에서 이족의 조상이 마을에 나타나 농사를 지어주고 돌아간다. 장례탈은 중국 실크로드의 고분에서 발굴된 시신의 얼굴에 씌워진 비단탈처럼 장례식에서 죽은 사람의 얼굴에 씌우는 탈이다. 추억탈은 황창이 칼춤을 추다가 백제의 왕을 암살하고 죽임을 당하자 신라인들이 그를 추모하여 탈춤을 추었다고 하는 것처럼 위대한 인물을 추모하거나 억울하게 죽은 원혼을 위로하기 위해 만든 탈이다. 수렵탈로는 만주족이 사냥을 할 때 사슴을 유인하려고 쓴 사슴탈이 있다. 전쟁탈은 중국의 난릉왕(蘭陵王)이 탈을 만들어 여자처럼 곱상한 얼굴을 가리고 전투에서 대승을 거두었다는 고사가 있다. 이밖에도 어린이가 어른이 되는 입사식(성년식)과 비가 내리길 기원하는 기우제에서도 탈이 사용되었다.

탈은 나라와 지역에 따라 특징을 보인다. 우리나라 탈은 예전에는 나무로 탈을 만들었는데, 지금은 바가지탈과 종이탈이 많다. 표정은 웃는 탈과 성난 탈이 많은데, 고리눈과 도끼눈은 성난 표정을, 실눈과 붕어눈은 웃는 표정을 나타낸다. 색상은 오행사상을 바탕으로 오방색을 사용한다. 탈춤에서는 선한 신과 악귀, 승려와 속인, 양반과 하인, 영감과 할미와 첩 사이의 갈등이 중심을 이루어 벽사진경(辟邪進慶), 파계승 풍자, 양반 조롱, 가부장제 비판을 다룬다. 제의적인 연극의 흔적을 지닌 채 봉건사회의 신분제를 반영하며 권위주의를 부정하고, 세속적이고 현실적인 삶을 중시한다.

중국의 탈춤은 지역과 민족에 따라 다양한데, 한족(漢族)의 장수가 다른 민족의 장수와 싸워 항복시키는 탈춤이 있다. 유비의 탈은 희고, 관운장의 탈은 붉고, 장비의 탈은 검은데, 백색은 선량과 고귀를, 홍색은 정의와 충성을, 흑색은 솔직성과 소박함을 상징한다. 투쟈족의 무당이 악귀를 쫓는 탈춤에서는 산신은 2개의 뿔, 화염 같은 눈썹, 부릅뜬 눈, 날카로운 송곳니를 지닌 사나운 표정이고, 토지신은 후덕한 모습의 웃는 탈이다.

티베트의 탈춤 가운데 라마교 사원의 탈춤은 다섯 개의 해골이 달린 관을 쓰고, 화염 같은 눈썹, 부릅뜬 눈, 크게 벌린 입, 날카로운 송곳니, 내민 붉은 혀의 모습으로 무서운 분노의 탈이 특징이다. 그리고 사슴, 야크, 새와 같은 동물의 탈이 많다. 이러한 무서운 탈을 쓰고 악마를 물리치는 춤을 춘다. 몽골의 탈과 탈춤은 티베트에서 라마교와 함께 전해졌다.

일본의 탈춤 가운데 '노오'의 탈은 '중간표정'이라 하여 희로애락의 감정을 표현하기 직전의 무표정한 얼굴이 특징이다. 그러나 배우의 재능에 의하여 생동감 있는 표정으로 바뀐다. 오키나(翁)는 소탈하고 인자하고 낙천적으로 웃는 탈인데, 한야(般若)는 작은 눈으로 표독하게 노려보고, 이빨을 드러내고 으르렁거리며, 악을 상징하는 뿔이 2개가 솟아 있는 분노의 탈이어서 대조를 이룬다.

스리랑카에는 무당이 주술적인 춤으로 질병을 치료하는 탈춤이 있다. 공작새는 하늘과 불을, 뱀(코브라)은 땅과 물을 상징한다. 질병의 종류를 모를 때에는 열여덟 개의 질병의 신의 탈들이 머리나 옆구리에 장식된 '마하 코라'라는 탈을 사용한다.

인도네시아에는 왕자의 사랑이야기를 다룬 탈춤도 있지만, 사자가 마녀와 싸우는 탈춤이 유명하다. 마녀(랑다)의 탈은 커다란 눈, 심한 뻐드렁니, 삐져나온 송곳니에 혀를 길게 내민 모습이다. 사자(바롱)는 홍색의 탈에 몸빛은 황금색이고 작은 거울들이 달려 있다. 홍색, 황금, 거울은 모두 사악한 기운과 악귀를 내쫓는 구실을 한다.

태국에서는 인도의 라마야나 서사시를 연극화하여 인도의 왕자가 스리랑카의 마왕의 군대와 싸워서 빼앗긴 아내를 되찾는 궁중탈춤을 공연하는데, 녹색의 탈은 높은 신분을, 청색과 자주색의 탈은 낮은 신분을 나타낸다. 석가모니가 전생에 원숭이였기 때문에 원숭이군대가 왕자를 돕는다.

그리스의 비극과 희극이 모두 가면극이었듯이 유럽에서도 탈과 탈춤의 역사는 유구하다. 특히 이탈리아에서는 16세기 중반 '꼬메디아 델 아르떼'라는 소극(笑劇)이 발달하였는데, 탈은 턱이 없는 이른바 도미노 마스크(Domino Mask)가 희극적인 효과를 살렸다. 유럽 전역의 카니발에서도 가면무도회나 탈놀이를 하는데, 특히 이탈리아에서 화려한 디자인과 색상으로 탈의 아름다운 조형미를 살렸다.

아프리카의 탈은 사실적인 탈도 있지만, 얼굴을 단순화하여 양식화하고 문양을 넣은 탈들이 많으며, 심지어 얼굴, 머리장식, 신체가 추상화된 탈도 있다. 표정은 눈을 지그시 내리감거나 일자(一字)로 가늘게 뜨고 있어서 엄숙하고 위엄이 있어 보인다. 이것은 아프리카의 탈이 대부분 악마를 물리치거나 질병을 치료하고나 비가 내리기를 기원하는 주술적인 의식이나 성년식과 같은 사회적인 통과의례에서 사용되기 때문이다.

3. 아시아의 제의적 탈놀이
: 한국의 별신굿과 중국의 나당희와 일본의 카구라

인류의 역사에서 후기구석기시대(약 4만~1만 8천 년 전)에 종교적 신앙과 의례가 출현한[1] 이래 '부족의례(tribal cults)→민족종교(national religions)→세계종교(world religions)'의 순서로 발생하고 발전하여 왔는데,[2] 부족의례 내지 원시신앙은 만물정령신앙(animism), 토테미즘(totemism), 샤머니즘, 주술, 주물숭배(fetishism), 조상숭배, 사자(死者)숭배, 태양숭배 등의 형태였다. 민족종교는 이스라엘의 유대교, 일본의 신도(神道), 한국의 천도교 등이 있고, 세계종교는 기독교, 불교, 이슬람교, 힌두교, 도교 등이 있다. 이러한 종교사의 전개과정으로 인하여 아시아의 탈놀이도 원시신앙을 토대로 한 제의극이 먼저 발생하고 불교극의 시대로 전환하였다. 그리고 정치사회사적 관점에서 보면 씨족사회에서 부족사회를 거쳐 고대국가시대로 이행하면서 제정일치시대에서 정교분리시대로 전환되었고, 신정시대에서 왕정(군주)시대를 거쳐 민주시대로 발전하였다. 그리하여 연극의 역사에서도 신령이나 부처에게 봉헌되던 신성극 내지 종교극(제의극, 불교극)에 이어서 왕이나 귀족에게 봉사하는 연극이 출현하였고, 민간사회에서는 민중의식의 성장에 따라 민간이 주도하는 연극이 발달하였다. 국가와 민족에 따라서 종교사적・정치사회사적・연극사적 전개 과정에 다소간 차이가

1) 세르게이 토카레프; 한국종교학회 옮김, 『세계의 종교』, 사상사, 1991, 16~17쪽 참조.
2) 위의 책, 4쪽 참조.

있지만 이러한 관점에서 아시아의 탈놀이 중에서 궁중극을 제외한 제의극, 불교극, 민간세속극을 대표적인 작품 위주로 비교하기로 한다.

제의에서 연극이 발생하였다는 제의학파의 기원설을 수용할 때 한국의 경우에는 동해안별신굿이, 중국의 경우에는 나당희가, 일본의 경우에는 카구라가 적절한 사례가 된다.

1) 동해안 이가리별신굿

음력 9월 9일에 삼령각(三靈閣)- '도씨(都氏) 터전에 김씨 골매기할매'와 지신(地神)-에서 당제를 지낸다. 이튿날 바닷가에 굿당을 만들고, 일월맞이대 · 용왕대 · 골매기대를 세운다.

제차(祭次)는 다음과 같다.[3)]

① 부정굿 : 청배무가(請陪巫歌)를 부르고 물과 불로 굿당을 정화한다.

② 일월맞이굿 : 축원하고 난 뒤 노승의 흉내를 내고 바라춤을 춘다.

③ 골매기청좌굿 : 마을의 시조신, 개척신, 수호신인 골매기 김씨 할배를 위한 굿이다. 청배무가를 불러 강신이 되면, 무녀가 골매기할배가 되어 제주를 비롯한 마을의 유지들을 불러 배례하게 시키고, 신벌을 주거나 살을 제거한다. 그런 뒤 무녀와 동민이 어울려 가무하는 놀음굿을 한다.

④ 당(堂)맞이굿 : 처낭대(골매기대) · 일월맞이대 · 용왕대를 앞세우고, 무녀패와 동민들이 행렬을 지어 제당(祭堂)으로 올라가 당맞이를 하고, 대내림을 하여 신의를 묻는다.

---

3) 박진태, 『전환기의 탈놀이접근법』, 민속원, 2004, 174~175쪽에서 이두현, 『한국민속학논고』 학연사, 1984, 188~207쪽의 자료를 참고하여 요약 정리한 것을 다시 인용함.

⑤ 성조굿 : 성조풀이를 불러 성조신을 강신시키고, 놀음굿을 한 뒤 음복을 한다. 이때 제당의 성조굿에 개인집의 성조굿을 곁들인다.

⑥ 마당밟이 : 무당들이 당의 마당밟이를 한 뒤 마을로 내려와 우물굿을 치고, 도가집을 비롯해서 마당밟이를 한다. 마당밟이는 신대들을 지붕의 처마에 기대어 세우고, 방, 마루, 부엌, 곳간, 장독 등의 순서로 축원하고, 마지막으로 마당을 밟는다.

⑦ 화해굿 : 굿당에 돌아와서 산신과 용왕신, 또는 당신과 성조신을 합석시키고, 동민의 화해를 도모하는 화해굿을 한다.

⑧ 세존굿 : 당금애기풀이를 불러 세존신이 강신하면, 노승의 흉내를 내고, 바라춤을 춘다. 이어서 제주를 상좌로 분장시켜 시주를 거둔 뒤 같이 춤출 때 화랭이(남무) 둘이 차사와 얼사촌이 되어 도둑잡이놀음을 한다.

⑨ 조상굿 : 조상신을 청배하면, 조상신이 축원하고, 놀음굿을 한다.

⑩ 천왕굿 : 청배무가를 부른 뒤 축원하고 놀음굿을 한다. 이어서 신관사또가 부임하여 관속을 점고하고, 춘향의 수청을 받는 원님놀이를 한다.

⑪ 놋동이굿〔軍雄굿〕 : 장군신을 청하여 생업이 잘 되게 해 달라고 기원하는데, 놋동이를 입에 물어 군웅신의 위력을 과시한다.

⑫ 심청굿 : 판소리 심청가와 대동소이한 청배무가를 심청이가 인당수에 투신하는 대목까지 부르고, 무녀가 봉사놀이를 한다.

⑬ 손님굿 : 손님풀이를 하여 손님을 강신시키면, 축원을 한다. 이어서 손님을 배송하는 말놀이를 한다.

⑭ 계면굿 : 무녀가 청배무가를 부르고 계면할머니가 되어 계면떡을 판다.

⑮ 용왕굿 : 무녀가 청배무가를 부르고 용왕이 되면, 선주들을 배례하게 시키고, 복잔을 내리고 축원을 한 다음 어구를 팔고 놀음굿을 한다.

⑯ 탈놀음굿 : 할미가 두 아들(말뚝이, 싹뿔이)의 도움을 받아 집을 나가 첩과 살고 있는 영감을 찾아 첩과 싸움을 벌이는 와중에서 영감이 졸도했다가 회생하는 내용의 연극을 바가지탈(지금은 종이탈)을 쓰

고 한다.

⑰ 범탈굿 : 양반 일행이 횃불을 들고 범을 내쫓는다. (다른 곳에서는 포수가 범을 사살한다.)

⑱ 거리굿 : 남무가 훈장이 되어 과거시험에 낙방하고 자살하지만 저승의 과거시험에는 급제하여 귀신을 다스리는 호구강간(戶口監官?)이라는 신직을 맡고 이승에 와서 관례를 치른 다음 골매기할매, 골매기할배, 봉사, 어부, 잠수부, 해산모의 귀신을 퇴송시킨다.

⑲ 굿당을 철거하고 신대, 용선, 꽃등 등을 태운다.

이가리별신굿의 제차를 마을의 수호신을 위한 굿, 무신(巫神)을 위한 굿, 무당굿놀이, 탈굿으로 구분하여 병립구조를 분석하면 다음과 같다.

마을굿	무굿	굿놀이	탈굿
	① 부정굿		
	② 일월맞이굿		
	③ 골매기청좌굿		
④ 당맞이굿			
	⑤ 성조굿		
⑥ 마당밟이			
⑦ 화해굿			
	⑧ 세존굿	중도둑잡이	
	⑨ 조상굿		
	⑩ 천왕굿	원놀이	
	⑪ 놋동이굿		
	⑫ 심청굿	봉사놀이	
	⑬ 손님굿	말놀이	
	⑭ 계면굿		
	⑮ 용왕굿		
			⑯ 탈놀음굿
			⑰ 범탈굿
	⑱ 거리굿	잡귀놀이	
⑲ 신대 소각			

제의는 신대가 이동하는 마을굿과 굿당에서 무가와 춤 위주로 연출하는 무굿이 대립된다. 마을주민의 수호신을 위한 굿과 무당집단의 무신을 위한 굿이 대립되는 것이다. 그리고 제의극은 무굿에서 파생한 무당굿놀이와 독립적인 탈굿이 대립된다. 무당굿놀이는 굿거리와의 유기적인 관련 속에서 생성된 것이지만, 탈굿은 독립적으로 생성되어 삽입된 것이다. 무당굿놀이와 탈굿은 극작술도 달라 무당굿놀이는 가장(말과 복식과 소도구)에 의해서 변신하고, 탈굿은 탈의 동일화의 원리에 의하여 인격전환을 이룩한다. 탈놀음굿은 객사한 영감을 위로하고, 범탈굿은 호환(虎患)을 예방한다.

2) 중국의 나당희

중국 귀주성(貴州省)의 동북부 지역에서 토가족(土家族)의 무당 토로사(土老師)가 충나환원(冲儺還願)의 의식으로 행하는 나당희(儺堂戲)-나단희(儺壇戲)-의 절차는 다음과 같다.[4)]

(삼청도 · 마원수도 · 영관도 · 조사도 같은 일종의 무신도를 걸고, 신안에 나공과 나모의 소상을 안치하고, 탁자 밑에 탈이 담긴 상자를 놓는다.)

① 개단~장단사가 옥황상제, 삼청을 비롯해서 나공 동산성공과 나모 남산성모, 지나소산과 그의 아내, 공조, 조상신, 토로사의 조사(祖師) 등이 나당에 강림하길 청하고, 충나환원이 성공하도록 도와달라고 기

4) 박진태, 앞의 책, 182~183쪽에서 박진태, 『동아시아샤머니즘연극과 탈』, 박이정, 1999, 167~175쪽과 187~197쪽의 자료 참조하여 요약 정리한 것을 다시 인용함.

원한다.

② 발문경조(發文敬竈)~장단사가 공조로 하여금 충나환원하는 사실을 보고하는 문서를 조사에게 전하도록 하면, 조사가 다시 공조를 통하여 옥황상제에게 전하여 신령이 나당에 강림하도록 청한다.

③ 탑교(搭橋)~신령들과 양장양병(陽將陽兵), 음장음병을 위해서 교량을 가설한다.

④ 입루(立樓)~누관을 건축하여 신령들과 그들의 병졸들한테 거주처를 제공한다.

⑤ 안영찰채(安營扎寨)~나단에 진입한 신병들한테 주둔할 장소를 안배한다.

⑥ 차발오창(差撥五猖)~지나오창신을 파견하여 음장과 음병을 통솔해서 혼을 거두고, 사귀를 항복시킨다.

⑦ 포라살망(鋪羅撒網)~그물로 사귀와 요괴를 일망타진한다.

⑧ 판생(判牲), 당백(膛白), 상숙(上熟)~집주인이 희생으로 바친 돼지, 양, 닭을 칼로 죽인 뒤(판생), 희생의 내장을 꺼내 삼청전 앞에 진설하고 신령들한테 제사지내며(당백), 희생의 내장과 고기를 삶아서 신령들한테 바친다(상숙).

⑨ 개동(開洞)~장단사가 첨삭장군에게 주인집의 환원을 위해 옥황상제의 칙령을 가지고 당씨태파한테 가서 도원동의 문을 열어 24희신을 내보내 달라고 청하도록 시킨다.

⑩ 영생(領牲)~토로사가 감생을 시켜 화산에 가서 희생(돼지, 닭, 양)을 사오라고 청한다. 감생이 과거시험 보러 가면서 진동을 짐꾼으로 데리고 간다.

⑪ 개로(開路)~개로장군이 나당의 오방사귀를 소제한다.

⑫ 인병토지(引兵土地)~토지할아버지와 토지할머니가 오방의 신병들을 인도한다.

⑬ 개산(開山)~개산맹장이 도끼로 오방의 마귀를 찍어 죽인다.

⑭ 대왕창선봉(大王搶先鋒)~선봉이 산대왕을 항복시키는 과정에서 남매 사이임이 밝혀진다.

⑮ 관공참채양(關公斬蔡陽)~관우가 채양의 목을 벤다.

⑯ 구부판관(勾簿判官)~판관이 희신들의 모순과 불만을 해결하여 도원동으로 하나씩 돌려보낸다.

⑰ 유나(游儺)~나공과 나모가 집주인에게 이별하고, 말을 타고서 오악화산궁으로 되돌아간다.

(나단을 철거하고, 나공 나모의 소상과 탈을 상자에 담아 보관한다.)

나당희의 순차구조는 <영신제의(개단, 발문경조, 탑교, 입루)→축귀제의(차발오창, 포라살망)→희생제의(판생, 당백, 상숙)→〔영신제의극(개동)→희생제의극(영생)→축귀제의극(개로, 개산, 대왕창선봉, 관공참채양)→송신제의극(구부판관)〕→송신제의(유나)>이다. 나의(儺儀) 속에 나희(儺戱)가 내포되어 있다. 이러한 관계는 병렬구조에서 더욱 선명하게 나타난다.

나의/나무	나희
개단	
발문경조	
탑교	
입루	
안영찰채	
차발오창	
포라살망	
판생/당백/상숙	
	개동
	영생
	개로
	인병토지
	개산
	대왕창선봉
	관공참채양
	구부판관
유나	

나의는 가면을 착용하지 않고 진행하는 제의이고, 그 속에서 축귀가 모의적인 무용으로 행해진다. 나희는 가면을 착용하고 연행하는 제의적인 연극이다. 그리하여 나의/나무와 나희가 대립된다. 그러나 나의와 나희의 전 과정은 모두 <영신→희생봉헌→축귀→송신>의 구조로 서로 대응된다.

3) 일본의 카구라(神樂)

일본의 이와테현(岩手縣)의 미야코시(宮古市)에 있는 쿠로모리신사(黑森神社)의 레다이사이(例大祭)를 정리하면 다음과 같다.[5]

① 시키뗀과 곤겐마이~신사의 본전(本殿) 앞에 호우인(祝子)를 겸하는 간누시(神官)와 이웃 신사의 간누시들, 무녀(巫女)인 미꼬(神子), 그리고 우지꼬(마을대표)가 서고, 가구라슈(神樂衆)의 반주에 맞추어 간누시가 노리또(祝詞)를 읊는 시키뗀에 이어서, 4명의 가구라슈가 부채춤을 추다가 곤겐사마(천수관음)의 탈 2개를 모시고 춤을 추는 곤겐마이를 한다. 그런 다음 본전의 계단 아래 마당으로 옮겨 유다테(湯立)와 타쿠센(託宣)을 한다.

② 유다테(湯立)~물이 끓는 가마솥 앞에서 호우인이 축문을 외면서 신이 액을 물려줄 것을 청한다. 호우인이 가마솥을 향해 소금을 뿌리고, 미꼬도 따라 한다. 호우인이 가마솥 둘레에 친 시메나와(禁繩)를 잘라 신들이 강림했음을 나타낸다. 호우인이 가마솥의 물을 젓다가 댓

---

5) 박진태, 『전환기의 탈놀이접근법』, 민속원, 2004, 188~189쪽에서 황루시, 일본 후루에다오의 시모쯔키카구라와 쿠로모리신상의 카구라, (박진태 편, 『동양고전극의 재발견』, 박이정, 2000), 469~479쪽의 자료를 참조하여 요약 정리한 것을 다시 인용함.

가지로 물을 적셔 주변에 뿌린 다음 댓가지를 미꼬에게 준다. 요컨대 호우인이 뜨거운 물에 신들을 강림시켜서 댓가지를 매개체로 하여 미꼬에게 넘겨주는데, 이러한 의식이 행해질 때 가구라슈는 음악을 연주하거나 노래를 부르기도 한다.

③ 타쿠센(託宣)과 미꼬마이(神子舞)~미꼬가 호우인한테서 댓가지를 받아들고 춤추며, 아마테라스 오오미카미와 함께 쿠로모리신사의 신을 청한다. 이어서 두 신이 신탁(神託)을 내리는 타쿠센을 한다. 다시 해상안전을 관장하는 도코로신을 청하는 노래를 부르고, 타쿠센을 한다. 그리고 미꼬가 스진베(水神幣)를 들고 춤추어 수신에게 공물을 헌납한다.

④ 카구라(神樂)~다른 마을 사람이 ㉠ 우찌나라시, ㉡ 기요하라이에 이어서 장수를 비는 뜻에서 할아버지와 할머니가 등장하여 춤추는 타카사고(高砂)를 한다.

⑤ 미가따메(身固め)~마을회관으로 옮겨 제단에 2개의 곤겐사마를 봉안한다. 가구라슈 2명이 각각 사자탈 하나씩을 들고서 사자의 입으로 참례자들의 액을 쫓아주고 돈을 받는 미가따메를 한 뒤 고이와이(御祝い)를 하는데, 가구라슈가 축가를 부르고 사자에게 술잔을 바친다.

⑥ 카구라를 한다.

㉠ 후다리이와또(二人岩戶)~소금을 뿌린 뒤 아마테라스 오오미카미가 동굴에 들어갔을 때 바위문을 열었던 영웅을 기리는 춤을 추는데, 액을 없애는 구실을 한다.

㉡ 야마노마이(山神舞)~붉은 색 가면을 쓴 산신이 칼집을 들고 격렬하게 춤을 추다가 사방에 쌀을 뿌려 축복한다. 칼집에서 칼을 꺼내 춤을 추고 아라마이(荒舞)를 춘다. 이러한 산신춤이 연행되는 동안 산신이 해신의 딸과 결혼해서 12명의 아들을 낳았다는 신화가 구송된다. 춤꾼은 이번에는 탈을 벗은 채 도약무를 추다가 석장(錫杖)으로 술을 뿌려 복을 준다.

㉢ 에비스마이(惠比須舞)~호인형(好人型)의 흰색 가면을 쓴 에비스가 낚시하는 과정을 모의하는 춤을 춘다. 에비스는 어업을 관장하는 수신인데, 내륙지방에서는 농경신으로 나타난다.

제장(祭場)이 신사(神社)의 본전 앞, 본전 앞마당, 마을회관 세 군데로 바뀌는데, 제의 속에서 신악이 연행된다.

제의	신악(무용)	신악(가면극)
시키뗀		
곤겐마이		
유다테		
타쿠센(託宣)	미꼬마이(神子舞)	
	우찌나라시	
	기요하라이	
	타카사고	
미가따메		
	후다리이와또	
		야마노마이(山神舞)
		에비스마이(恵比須舞)

제의 속에서 신악이 생성되었는데, 제의와 신악이 대립되고, 신악은 다시 무용과 가면극이 대립된다.

4) 비교

한국 동해안별신굿은 세습무가 제의를 거행하고 제의적 탈놀이도 연행한다. 중국 나당희도 세습무가 제의를 거행하고 제의적 탈놀이를 연행한다. 그러나 일본의 카구라는 제의는 세습무가 거행하지만, 제의적 탈놀이는 반(半)전문적인 민간예능인이 연행한다. 놀이꾼의 측면에서 보면 카구라가 세속화 · 오락화의 개연성을 상대적으로 많이 지닌다. 그리고 세 지역 모두 탈이 신성성과 주술성을 지니므로 기휘(忌諱)의 대상이지만, 조형적인 측면에서 보면 한국은 종이탈로 중국과 일본의 나무

탈에 비해서 제작기술과 예술성이 단순하고 소박하다. 또 탈의 종류의 다양성과 극적인 내용 면에서도 한국이 가장 빈약하다. 반면에 한국은 가면을 착용하지 않고 변신을 하는 무당굿놀이를 발달시키면서 세속적인 내용과 민중적 정서를 반영시켰다.[6)]

4. 아시아의 불교적 탈놀이 : 일본의 기악과 티베트의 참

1) 일본의 기악(伎樂)

백제인 미마지가 612년(推古天皇)에 일본에 귀화하면서 일본에 전한[7)] 기악에 대한 구체적인 내용은 『교훈초(敎訓抄)』(1233년)에 기록되어 있다.[8)]

① 길놀이
② 사자춤

6) 무당굿놀이에 대한 연구는 황루시의 「무당굿놀이연구」(이화여자대학교 박사논문, 1987)와 이균옥의 『동해안지역 무극연구』(박이정, 1998)가 대표적이다.
7) 성은구 역주, 『일본서기』, 정음사, 1987, 350쪽의 번역문. 351쪽의 원문 : "百濟人味摩之歸化 曰學于吳 得伎樂儛 則安置櫻井而集少年 令習伎樂儛 於是眞野首弟子 新漢濟文 二人習之傳其儛"
8) 이혜구, 「기악과 산대가면극」, (김택규 · 성병희 공편, 『한국민속연구논문선』(II), 일조각, 1982, 51~52쪽의 각주(2)와 이두현, 『한국연극사』, 학연사, 1999, 34~35쪽을 참조하여 정리함.

③ 고고오(吳公)의 피리불기
④ 가루라(迦樓羅)의 서조(瑞鳥)춤
⑤ 공고오(金剛)춤
⑥ 바라몬(婆羅門)춤(일명 기저귀 빨래)
⑦ 곤론(崑崙)이 고죠(吳女 또는 五女)를 유혹하는 마라춤
⑧ 리끼시(力士)가 곤론의 남근에 법승(法繩)을 묶어 항복시키는 춤
⑨ 노옹(老翁) 다이꼬(大孤)가 두 아들을 데리고 예불하기
⑩ 스이고오오(醉胡王)의 취태(醉態) 부리기
⑪ 무덕악(武德樂)

기악은 ㉮ 불교신으로 조복된 호법신 사자, 가루라, 바라문, 금강, 역사가 등장하는 마당, ㉯ 부처님을 향한 음악의 봉헌(오공의 피리불기와 무덕악), ㉰ 불교적 내용의 연극(영감의 극락왕생을 기원하는 유족의 예불의식), ㉱ 풍요다산을 기원하는 성적 결합(곤륜과 오녀의 관계), ㉲ 골계희(호왕의 취태) 등 성격과 기능이 다른 다섯 가지 유형의 연극이 혼합되어 있다. ㉮㉯가 본래적인 연극이고, ㉰는 확장적인 연극이고, ㉱㉲는 이질적인 연극이다. 기악은 부처에게 호법신의 춤 및 신도의 춤과 음악과 연극을 봉헌하는 형태로 출발하여 토착신앙이나 세속인의 취향과 관련된 연극이 첨가되어 토착성과 오락성을 증대시키는 방향으로 전개되었다.

2) 티베트의 참

티베트의 수도 포타라궁에서 라마승이 연행하는 참에 대해서 다음과 같이 보고된 바 있다.[9]

① 참을 하기에 앞서서 독경(讀經)을 하고, 희생제의를 상징적으로 거행한다.

② 공연장에서 북과 동발(銅鈸)과 나팔〔蟒號〕을 일제히 울려 개시하는데, 먼저 철봉(鐵棒)라마와 의장대—2명은 새납(날라리)을 불고, 한 고승은 향묶음을 들고, 또 신동(神童)은 향로를 들고서 열을 짓는다—가 등장한다.

③ 흑모금강(黑帽金剛), 각종 호법신, 소머리가면, 사슴머리가면, 귀괴(鬼怪), 고루신(骷髏神)이 차례대로 줄지어 행진하는데, 느릿느릿 춤을 추며 마당을 한 바퀴 돈다.

④ 정적상(靜寂相)의 호법신무

⑤ 분노상(忿怒相)의 외포금강무(畏怖金剛舞)

⑥ 장엄한 우신무(牛神舞)

⑦ 엄숙하고 경건한 녹신무(鹿神舞)

⑧ 장수부귀(長壽富貴)를 비는 수성무(壽星舞)

⑨ 영혼의 승천을 상징하는 고루무(骷髏舞)

⑩ 위협적인 귀괴무(鬼怪舞)

⑪ 춤 단락 사이에 선행과 보시를 좋아하는 걸 선양하는 불교 본생경(本生經)의 고사 단편을 연출한다. 이를테면 무언극 "몸을 바쳐 호랑이에게 준 이야기", "살을 베어 구관조(九官鳥)를 바꾼 이야기" 같은 것들이다.

⑫ 막간을 이용하여 라마가 마당에 나와서 씨름, 격투 등을 벌여 관중을 즐겁게 한다.

⑬ 마지막으로 갑병(甲兵)을 배열하여 귀신을 내쫓고 길상(吉祥)을 맞이한다. 곧 신병(神兵)이 떼를 지어 출동하여 화창(火槍)과 병기(兵器)를 쥐고서 뜨우어마(참파로 만든 가상의 귀신머리)를 보낸 뒤 바로 그를 붙잡아 사원 밖의 광장에 나가 불태워 없앤다. 잠시 토창(土槍)과

---

9) 何永才, 『西藏舞蹈概說』, 西藏人民出版社, 1988, 81~82쪽을 참조하여 박진태, 『한국고전희곡의 확장』, 태학사, 2006, 205~206쪽에서 요약 정리한 것을 다시 인용함.

화포(火炮)를 일제히 울리고 휘파람 소리, 야호 소리를 한바탕 내질러 지난해의 사기(邪氣)를 물리고 오는 해의 복덕(福德)을 기원한다.

참은 제의(독경, 희생제의)와 호법신무와 민간불교극과 기예로 구성된다. 제의와 호법신무는 라마승의 문화이고, 불교극과 기예는 세속인의 문화이다. 제의와 호법신무가 종교의식과 종교예술로 대립되고, 불교극과 기예가 불교적인 연극과 세속적인 연희로 대립된다. 제의 속에서 제의무용극이 발생하였는데, 세속계의 불교극과 기예가 삽입되어 엄숙하고 위압적인 분위기를 완화시키고 관중의 흥미를 고취시킨다.

3) 비교

일본의 기악이나 티베트의 참이나 불교사원을 무대로 형성 전개된 탈놀이이다. 그러나 티베트의 참은 본래는 라마승려들이 사원 내부에서 전승시키던 비밀의식이었으나 사원 외부에서 공연하는 공개적 종교행사로 전환됨에 따라 연희자도 라마승려에서 세속인(천장사, 관아의 하인)으로 교체되기도 하였는데,[10] 기악은 미마지가 전래해준 당시부터 악호(樂戶)-율령관제(律令官制)에 의한 예능 전업자 집단, 혹은 전수 하던 곳-를 설치하여 전승시켰던 것 같다.[11] 그리하여 티베트의 참은 호법신의 탈춤놀이가 대부분이고, 대중을 상대로 공연할 때 골계적인

10) 박진태, 『동아시아샤머니즘연극과 탈』, 박이정, 1999, 282쪽 참조.
11) 요코야마 타로(横山太郞), 「伎樂の발견-歷史解釋と美的解釋をあぐって」, 『아시아탈의 문화재적 가치와 현대적 활용』(대구대학교 중앙박물관 개관 26주년 기념 학술대회 논문집), 2007, 12쪽 참조.

민간촌극이나 기예를 막간으로 연행한 데 비해 기악은 호법신만이 아니라 민간인도 많이 등장하고 등장인물로서의 비중도 대등하다. 따라서 티베트의 참이 일본의 기악보다 종교의식적인 성격이 더 강하다. 다시 말해서 기악이 참보다 세속화·오락화·예술화가 더 많이 진행되었다. 그렇지만 이러한 발달 단계의 차이는 기악의 참 기원설과는 별개의 문제이다.

5. 아시아의 민간탈놀이
: 한국의 양주별산대놀이와 중국의 지희

1) 한국의 양주별산대놀이

한국의 양주별산대놀이의 놀이과정을 정리하면 다음과 같다.[12)]

① 사직골 당집에서 탈과 여러 도구를 꺼낸다.

② 복색을 갖추고 집합장소에서 놀이판으로 간다.(거리굿 또는 길놀이)

③ 탈을 배열하고 고사를 지내는데, 신할아비, 미얄할미를 맨 윗자리에, 노장과 연잎을 그 다음에, 나머지 탈들은 대체로 등장하는 순서에 따라 배열한다.

④ 상좌춤, 옴중과 상좌, 목중과 옴중, 연잎과 눈끔적이, 팔목중 염불놀이, 침놀이, 애사당북놀이, 노장놀이, 신장수놀이, 취발이놀이, 의막사령놀이, 포도부장놀이, 신할아비와 미얄할미의 순서로 탈놀이를 한다.

⑤ 탈을 다시 사직골 당집에 보관한다.

---

12) 이두현, 『한국의 가면극』, 일지사, 1979,123~124쪽과 140쪽 참고.

사직당에서 탈을 꺼내어 <길놀이→고사→탈놀이>의 순서로 연행하고 다시 사직당에 탈을 보관하였는데, 사직당이 단순히 탈의 보관처인지, 아니면 양주별산대놀이가 사직당-사직신 곧 토지신과 곡신의 신당-의 제사와 관련이 있는지는 불확실하다. 그럼에도 불구하고 양주별산대놀이가 사직당제의 맥락에서 연행되었을 개연성을 상정할 수 있다고 본다.

2) 중국의 지희(地戱)

중국 귀주성 안순(安順) 지구에서 한족(漢族)이 전승하고 있는 지희의 절차를 정리하면 다음과 같다.[13)]

① 개상(開箱) 또는 청검자(請臉子)~길일을 택해 연희자들이 의상을 갖추고 탈상자를 공연장소에 운반한다. 제단 위에 담배, 술, 과일, 과자류를 진설하고, 주장(主將)이 나무상자 앞에서 향을 피우고, 지전을 태우는데, 이때 다른 연희자들은 양측에 나란히 선다. 지전태우기를 마치면, 주장이 일행을 이끌고 나무상자를 향해 무릎을 꿇고, 이마를 땅에 대고, 신내림의 제문을 읽는다. 그런 후 주장이 뭇 신들에게 술잔을 바치고, 수탉의 벼슬을 물어뜯어 닭피를 나무상자에 바른다. 폭죽이 요란하게 터지는 가운데 주장이 나무상자를 열어 탈을 꺼내어 다른 연희자들에게 나누어준다.

② 참묘(參廟)~개상의식 뒤에 연희자들이 소군(小軍), 소동(小童)을 앞세우고 묘우(廟宇)에 가서 참배하고, 마을에 재난이 없기를 빈다. 그런 다음 정파(正派)의 주장이 참묘사(參廟詞)를 창한다. 또는 주장이 연희자들을 이끌고 묘우만이 아니라 마을의 공공장소, 이를테면 우물, 시

13) 顧朴光, 「安順縣の地戱」, (後藤淑・廣田律子編, 『中國少數民族の假面劇』, 木耳社, 1991), 84~89쪽을 참조하여 박진태, 『전환기의 탈놀이접근법』, 민속원, 2004, 184~186쪽에서 요약 정리한 것을 다시 인용함.

냇가, 숲에도 가서 사기(邪氣)를 쫓아낸다. 가는 곳마다 향불을 피우고, 지전을 태우며, 폭죽을 터뜨리는데, 구경꾼들이 뒤를 따라다닌다.

③ 소개로(掃開路)~정희를 연출하기 전에 북과 징을 울리며 공연장소로 와서 탈을 쓴 소동이 부채와 손수건을 들고 공연장으로 들어와 춤추며 소개장의 시문을 창한다. 상방의 장수 2명씩이 등장하여 교전하는 춤을 춘다.

④ 도신(跳神)~짧게는 3~5일에서 길게는 반달에 걸쳐 영방(營房)의 위치에 교전하는 쌍방의 군주나 원수(元帥)가 앉고, 나머지 연희자들은 놀이판의 주변에 선다. 주요 연희자는 '출마문(出馬門)'에서 시문을 염창(念唱)한다. 놀이가 시작되면 대개 '조왕(朝王)'으로 개시한다. 군왕이 입장하기 전에 설조사(設朝詞)를 선창한다. 군왕이 대전에 좌정하면, 문신 무장이 줄지어 나와 군왕을 향해 머리를 조아려 절하고, 양쪽에 선다. 변방의 사자가 모욕하고 비방하는 글을 바친다. 군왕이 대노하여 사자를 참수하거나 두 귀를 잘라 보낸다. 원수, 선봉에게 교지를 내려 군사를 점고하고, 변방을 토벌하게 한다.

⑤ 개재문(開財門)~고정적이지는 않다. 지희를 연출하는 과정에서 또는 연출을 끝마칠 때 구사(驅邪), 납길(納吉)을 원하는 집이 있으면, 수시로 희반(戲班)을 청하여 한다. 주인이 미리 담배, 술, 사탕, 과일, 경단, 홍포(紅布)와 돈을 준비하는데, 재문열기가 끝나면 희반이 가져간다. 개인집에서 신안 앞에 식탁을 놓고, 그 위에 각종 길상의 뜻을 담은 물품들을 차려놓는다. 희반이 다다르면 폭죽을 터뜨리며 탈과 징과 북에 붉은 천을 둘러준다. 두 소동이 부채를 들고 대문의 양쪽에 서고 그 뒤에 충신과 양장(良將)이 각각 2사람씩 서고, 복장과 자미성이 중간에 선다. 소동 둘이 주인집에 예를 갖추고 춤추며 창한다. 희반이 공물을 거두고, 신두(神頭: 戲班의 우두머리)가 감사의 시문을 창한다.

⑥ 송태자(送太子)~자식이 없거나 딸만 있는 집에서 아들을 낳기 위해 희반을 청하여 행하는 의식이다. 놀이패가 문밖에서 <목계영대파천문진(穆桂英大破天文陣)>의 일부를 연출하여, 목계영이 진 앞에서 아들을 낳는 장면에 이르면, 토지할머니로 분장한 놀이꾼이 그를 부축하

여 일으키고, 두 소동의 인솔을 받아 전체 놀이패가 주인집 당옥(堂屋)으로 들어간다. 모두 부부생활에 관한 내용이나 귀한 아들이 일찍 태어나길 비는 말을 즉흥적으로 엮어 창한다. 그런 후 목계영이 나무로 만든 사내아이인형(속칭 '태자'라고 부른다.)을 주인여자의 손안에 쥐어주면, 주부가 안고서 안방으로 들어가 침상 위에 놓고, 놀이패에게 사례금을 준다.

⑦ 소수장(掃收場)~도신을 끝마친 후 거행한다. 전체 연희자들이 분장을 한 채 두 개의 활 모양으로 늘어서고, 화상과 토지가 등장하여 골계적이고 벽사진경하는 시문을 염창한다. 화상과 토지가 자신들의 근생(根生)을 서술하고, 둘이서 염한다. 쌍방의 원수가 군사점고를 하고, 각 장병들이 폭죽이 터지는 가운데 놀이판을 세 바퀴 돌고, 탈과 옷을 벗고, 탈을 신안(神案) 위에 놓고, 앞에는 정면인물(正面人物)이, 뒤에는 반면인물(反面人物)이 늘어선다. 수탉을 죽여 향을 사루고, 종이돈을 태운다. 신두가 무리를 거느리고 신안 앞에 무릎을 꿇고 머리를 조아리고 봉상사(封箱詞)를 염한다. 새로운 종이로 탈들을 하나하나 감싸서 상자 안에 넣고, 붉은 종이로 나무상자를 밀봉하고, 종이 위에 "吉年吉月吉日封"이라 쓴다. 복장과 도구를 거두어 가을이나 내년 춘절(春節)의 재사용에 대비한다.

가면을 착용한 연희자들이 개상·소개로·도신·소수장은 공연장에서 연행하고, 참묘와 개재문과 송태자는 신당이나 집으로 이동하며 연행하는 점에서 대립된다.

제의	연극
	개상
참묘	
	소개로
	도신
개재문	
송태자	
	소수장

도신 단계에서 연행하는 지희의 작품 목록은 다음과 같다.

봉신연의(封神演義)
대파철양(大破鐵陽)
초한상쟁(楚漢相爭)
삼국연의(三國演義)
대반산동(大反山東)
사마투당(四馬投唐)
나통소북(羅通掃北)
설인귀정동(薛仁貴征東)
설정산정서(薛丁山征西)
설강반당(薛剛反唐)
분장루(粉妝樓)
잔당(殘唐)
이하남당(二下南唐)
양가장(楊家將)
정충전(精忠傳)
악뢰소북(岳雷掃北)
오호평남(五虎平南)
오호평서(五虎平西)
영렬전(英烈傳)
심응룡정서(沈應龍征西)[14)]

동주열국(東周列國)
전삼국(前三國)
후삼국(後三國)
수당(隋唐)

---

14) 沈福馨 외 4인 공편, 『安順地戲論文集』, 문화예술출판사, 1990, <안순 지희분포도> 참조.

황소조반(黃巢造反)
사하남당(四下南唐)
이하하동(二下河東)
삼하하동(三下河東)
팔호틈유주(八虎闖幽州)
악비전(岳飛傳)[15)]

전쟁과 관련된 역사고사에서 소재를 가져왔다. 한족의 장수/이민족의 장수, 관군/반란군, 충신/역적의 갈등구조가 주축을 이룬다.

3) 비교

한국의 양주별산대놀이와 중국의 지희는 무당이나 승려와 같은 특수계층과는 무관하고 전문적인 예능집단이 아니라 아마추어적인 민간인에 의해서 전승되는 탈놀이이다. 그리고 희미하게나마 제의적인 맥락을 지니지만 전반적으로 민간세속극이다. 중국의 지희도 민간인이 종교적인 의식을 거행하기도 하지만 탈놀이의 내용은 신의 놀이라기보다는 인간의 놀이이다. 양주별산대놀이에 등장하는 인물들은 연잎과 눈끔적이만 신적인 존재이고, 상좌, 옴중, 목중, 팔목중 , 완보, 신주부, 애사당, 왜장녀, 노장, 소무, 신장수, 취발이, 샌님 형제, 쇠뚝이, 포도부장, 신할아비, 미얄할미, 도끼, 도끼누이 등이 모두 세속적인 인간들이다. 중국의 지희도 중국의 역사와 전설 및 소설에 등

15) <안순지희분포도>에 보이는 작품들 이외에 추가로 확인되는 작품들이다. 高倫, 「地戲源流」(위의 책, 53쪽)의 <地戲譜> 참조.

장하는 인물들이 주류를 이룬다. 물론 이들에게 신성(神性)이 희미하게 부여되어 있기는 하지만, 상대적으로 세속인에 가깝다. 한국의 민간탈놀이에는 민중적 시각으로 바라본 조선후기의 사회상 및 민중의식과 정서가 투영되어 있고, 중국의 지희에는 귀주지방의 둔병제도(屯兵制度)를 배경으로 형성된 때문인지 중화의식(中華意識)이 민중의식과 함께 투영되어 있다.

| Chapter 2 |

중국 나희(儺戲) 탈의 조형미와 상징성

홍 영림(洪榮林)

1. 머리말

나희는 옛날 역귀(疫鬼)를 쫓던 '나례(儺禮)'에서 유래한다. 나례는 고대 무술(巫術)의 일환으로 역귀를 몰아내는 단일 목표에 충실한 제사의식으로 일명 나제(儺祭)라고도 부른다. 따라서 '나희'라는 말은 역귀를 쫓는 '나(儺)'와 놀이의 '희(戲)'가 결합된 말로, 나제와 관련된, 즉 역귀를 몰아내는 연극형식임을 미루어 짐작할 수 있다. '역귀를 몰아낸다'라는 점에서 나희는 모방이나 재현에 의한 여느 연극과 다른 의미를 갖는다. 그것은 모방·재현을 함유할 뿐 아니라 미래 지향의 염원을 담고 있다. 나희의 공연을 통해 관객들은 주변의 나쁜 것(즉 역귀)들을 몰아내고 편안해지기를 바라므로, 감상만을 위한 여느 연극과 다르다. 나희는 곧 연극이자 제의이다.

제의는 주기적이고 고정적으로 행해지기 때문에 반복된 재현이 마침내 관습화된다. 예를 들어 고대에 전쟁의 승리를 기원하는 집단 정서를 제의화하여 반복적으로 재현할 경우, 행위는 점차 원래의 실제 행위에서 벗어나 일반화되고 추상화된다.

때문에 전쟁상황을 재현한 것이 전쟁놀이나 전쟁춤으로 발전될 수 있었다. 춤과 노래는 신을 섬기는데 없어서는 안되었고, 특히 춤은 사람과 신이 서로 교통하는 언어이기도 했다. 중국의 나례 역시 춤이 가미되어 '나무(儺舞)'의 형태가 되었고, 나희로 발전했다. 나희는 나무가 좀더 연극화된 형태로, 다소 초보적이라 해도 등장인물간의 대사(혹은 노래)와 동작이 이루어져야한다. 나례 → 나무 → 나희의 발전 경로는 추상화된 분석일 뿐, 실제 상황에서는 혼재해있다. 나희를 공연하는 곳에서도 나무를 같이 공연하고, 이 둘은 독립되지 않고 유기적으로 얽혀서 '나'라는 커다란 제의를 이루고 문화를 형성해왔다.

현재 중국탈은 우리가 일반적으로 탈이라고 부르는 연극에서 사용하는 가면과 가두(假頭)·면식(面飾)·면조(面罩)·면상(面像)으로 나눈다. 전자 둘은 협의의, 전통적인 의미의 탈이고, 후자는 광의의, 비전통적인 의미에서의 탈이다.[1] 가면은 우리가 일상적으로 가리키는, 사람이 얼굴에 쓰는 입과 눈에 구멍이 나 있어 대사나 노래를 하거나 외부를 보기 편하게 한 것을 말한다. 반면 가두는 머리 전체에 뒤집어쓰는 형태이다. 특히 송대 이후 가두는 점차 가면으로 대체되는 추세여서[2] 오늘날 전하는 나희도 가두보다는 가면이 지배적이다. 본고는 나희의 연극성과 관련하여 나희탈의 조형성과 상징성을 살피고자 하므로, 가면으로서의 나희탈의 조형성과 상징성을 살필 것이다.

곡육을(曲六乙)은 현존하는 중국 나희탈에 대해 대략 네 가

1) 고박광(顧樸光), 『중국면구사(中國面具史)』, 귀주민족출판사(貴州民族出版社), 1996년, 4~10쪽 참조
2) 위의 책, 7쪽 참조.

지로 분류했다.[3)] 첫째 류는 가장 초보적인 형태로 귀주 이족의 '변인희(變人戲:일명 추어타이지)' 류이다. 버드나무·덩쿨·종이판지·천조각으로 만드는데, 크기는 실제 사람얼굴이고, 짙은 회색 바탕에 눈·코·입만 간략히 뚫거나 그려넣었다. 둘째 류는 귀주 토가족(土家族)·흘료족(仡佬族)·안휘(安徽) 등이 해당된다. 주로 버드나무나 백양목을 깎아 만들고, 등장인물에 따라 신령, 역사영웅장수, 속세인으로 나눌 수 있다. 셋째 류에는 군나(軍儺)인 귀주(貴州) 안순(安順) 지희(地戲), 관색희(關索戲)가 이에 해당된다. 이 부류는 연의소설(演義小說)상의 묘사나 전통극 검보(臉譜)의 제약이나 모방을 하지 않고 종교상의 신상(神像) 모습에서 영향을 받았다. 넷째 류는 사원나(寺院儺)와 민간 가무에서 기원한 티벳 나희가 이에 해당한다. 이 네 부류 중에서 중국 전역에 분포되어 있는 나희탈은 대부분 둘째와 셋째 부류에 해당한다. 현재 나희에 관한 발굴·복원·정리가 진행되고 있지만, 탈에 관한 자세한 보고는 주요 나희 몇 가지를 중심으로 이뤄질 뿐 전반적이지 않다. 그럼에도 본고는 그 연구의 시작 단계로서, 비교적 나희탈에 관해 자세히 보고하고 있는 대만의 왕추계(王秋桂)가 간행하고 있는 『민속곡예총서(民俗曲藝叢書)』를 연구 자료로 삼았다. 해당 총서는 시합정민속문화기금회(施合鄭民俗文化基金會)의 지원으로 94년부터 현재까지 90여 권을 출간했는데, 내용면에서 크게 현지 답사, 자료 수집, 대본 혹은 과의본(科儀本), 전문 저서, 연구 논문집으로 나눌 수 있다. 대륙의 대표

3) 곡육을(曲六乙), 「중국각민족나희(中國各民族儺戲)-신비와 기이한 연극세계(神秘與奇特的戲劇世界)」, 『나문화와 예술(儺文化與藝術)』, 귀주인민출판사(貴州人民出版社), 1993년, 19~20쪽 참조.

나희 연구자들이 심혈을 기울여 조사·연구·집필했기에, 양과 질적인 면에서 나희 연구의 집대성이며, 현재 접근할 수 있는 가장 신뢰도 높은 자료로 볼 수 있다. 특히 나희탈에 대해서는 크기·두께·사용법 및 제반 사항을 상세하게 제시한 자료가 있어 그 많은 나희 탈을 직접 볼 수 없는 현재 상황에서는 본고의 연구에 많은 도움을 주었다. 본고는 이밖에도 현재 출판된 탈 관련 사진집도 참고하여 초보적이며 시범적으로 중국 탈의 조형미와 상징성에 대해 다루고자 한다. 본고의 연구대상 나희는 다음과 같다.

> 강서성(江西省) 만재현(萬載縣) 도소(跳魈), 남풍현(南豐縣) 도나(跳儺)
> 안휘성(安徽省) 귀지시(貴池市) 나희
> 사천성(四川省) 유양토가족묘족자치현(酉陽土家族苗族自治縣) 면구양희(面具陽戲)
> 귀주성(貴州省) 안순(安順) 지희(地戲), 잠공현(岑鞏縣) 나단희(儺壇戲), 덕강현(德江縣) 나당희(儺堂戲)

나희는 곧 연극이자 제의이다. 나희에 등장하는 인물들은 모두 신령으로 섬김을 받기 때문에, 나희에 쓰이는 탈은 응당 신령의 모습을 하며 숭배의 대상이다. 탈의 신성(神性)과 모습이 불가분의 관계이므로, 본고는 신령으로서 숭배 받는 탈의 면모와 특징을 우선 살피고, 탈의 얼굴 및 기타 부위들을 살펴 조형과 상징성을 밝히려고 한다. 또 그렇게 조형된 탈이 실제 연행에서 어떤 활용 관습에 의해 다채롭게 쓰이는가도 살피려고 한다.

2. 나희와 탈 숭배

1) 탈 제작과 숭배 제의

중국 각지의 탈의 재질은 다양하다. 티벳족은 가죽·널빤지를 사용하고, 호남성 묘족은 대나무 뿌리를 이용하고, 광서성·귀주성의 이족(彝族)은 나무를, 운남 이족은 종이를, 내몽고의 어온커[鄂溫克]족은 자작나무 껍질을, 해남의 이족은 야자수 껍데기를 사용한다. 이 가운데 나무탈이 가장 보편적이며 제작도 정교하다. 주로 백양나무나 풍류(楓柳)·오동·장목(樟木)·두견목 등 잘 갈라지지 않는 나무를 물에 불려 조각한다. 지희 탈의 경우 정목(丁木)이 최고이고, 다음이 수백양목(水白楊木)·유목(柳木) 순이다. 탈은 짜투리 나무로 만들지 않고, 좋은 나무 하나를 골라 세트로 제작한다. 우선 나무를 골라 벌채를 할 때도 축사를 읊고 절을 하는 제의를 행한다. 나무를 옮겨와 깎을 때도 '가마(駕馬)'라 하여 모든 공구를 신감(神龕) 위에 올려놓고 향불을 사르고 축사를 읊고 닭피로 제사를 지낸 후 본격적으로 제작에 들어간다.

귀주 안순 지희의 경우, 『설당연희(說唐演義)』 이야기를 공연하는 구계촌(九溪村)은 우선 자미성인(紫微星人) 이세민(李世民)탈을 깎은 연후에 다른 탈을 깎는다. 둔보촌(屯保村)에서는 장수와 군졸탈을 깎고, 다시 적군의 원수·장군·병졸 순으로 깎은 후에 제왕을 가장 나중에 깎기도 한다. 이는 병졸과 장수가 있어야 제왕의 지위를 지킬 수 있다는 생각에서이다. 순서가 어찌되었든 지희를 연행하는 자들 사이에서는 탈을 깎는 순서를 세워 지킨다.

새로이 제작된 탈은 '개광(開光)' 제의를 거쳐야 비로소 신령함을 가져 나희에 사용할 수 있다. 강서성 만재현 도소의 경우 제의에 모시는 8존의 나신(儺神)탈과 연행에 쓰이는 24개의 탈이 있는데, 나신탈은 개광 제의를, 연행탈은 점광(點光) 제의를 행한다. 개광 제의를 간략히 살펴보면 다음과 같다.[4)]

주재 : 화산교(華山敎) 토사(土師: 일명 道士) 2명

소요 시간 : 3일 밤.

의식 : 매일 야심한 밤에 수백 명의 남자들이 모여 토사를 따라 마을에서 가장 높고 험한 산 위로 올라가 음병양장(陰兵陽將)을 부른다.

행렬 : ① 검은 색으로 '정(丁)'이라 쓰인 커다란 하얀 깃발 약 백개의 행렬

② 나고(鑼鼓)·소나(嗩吶)·호각(號角)으로 이뤄진 악대

③ 주신(主神)을 모신 가마 : 검은 비단에 수를 놓아 장식함.

④ 손에 장대·채찍·창·횃불을 든 수백 명에 달하는 마을 사람

⑤ 검은 비단에 용을 수놓은 삼각형 깃발인 좌두기(坐兜旗)를 든 의장대 행렬

첫날 : 산에 오르면 주신을 태운 가마를 가운데에 놓고, 가마 앞에 토지신(土地神)을, 가마 뒤에 총병(總兵)을 둔다. 그 앞뒤에 만민산(萬民傘)을 두고 마을 사람들이 에워싼다. 토사는 '토지' 앞에 서서 땅위에 큰 원을 그리고 그 가운데에 무릎을 꿇고 앉는데, 손에는 삼각형의 홍색 깃발을 들고 쉴 새 없이 흔든다. 악기 연주 소리가 퍼지고 폭약과 총성이 있은 후 토사는 음병양장을 불러들일 주문을 왼다. 수탉의

---

4) 모례미(毛禮鎂), 『강서성 만재현 담부향 지계촌 한족 정씨 성의 <도소>(江西省萬載縣潭阜鄕池溪村漢族丁姓的 「跳魈」)』(민속곡예총서(民俗曲藝叢書) 2집), 시합정기금회(施合鄭基金會), 1993, 51~53쪽 참조.

모가지에서 피를 내고 새로 난 깃털로 피를 묻혀 나신·토지·총병의 이마·눈·입·코·귀·심장 위에 점을 찍듯 묻히고 일행은 돌아온다.

둘째·셋째 날 : 첫날 행했던 의식을 다시 한 번 반복한다. 셋째날 밤에는 닭피를 묻힌 후, 저보(儲寶) 의식을 행해야한다. 먼저 나신을 향해 절을 하고 마을의 명망있고 이름있는 자의 이름을 적어 나신탈에 꽂아둔다. 다시 약간의 금·은·동·철·주석을 나신탈 위에 놓아두는데, 각각의 것을 올릴 때마다 한차례 폭죽을 터뜨린다. 이는 나신탈이 보석처럼 귀중한 것을 소유한 까닭에 사람을 보우할 수 있음을 의미한다. 다시 용안(龍眼)·차잎 및 17가지의 한약재, 즉 천리안(千里眼)·순풍이(順風耳) 등을 올린다. 이는 한약재 이름으로 보살의 영험한 뜻을 나타낸 것인데, 각 약재를 조금씩 나신탈에 넣는다. 의식이 끝나면 산을 내려와 나신탈을 나신 사당 안에 안치한다. 이 마을은 새로 제작한 나신탈에 개광의식을 행하기도 하지만, 새 것이 아니어도 몇 년마다 개광 제의를 거행해 신령함을 잃지 않도록 한다. 현재는 나묘 안에서 약식으로 개광 제의를 거행한다고 한다. 마을 사람들이 절을 한 후, 따뜻한 물과 새 수건으로 탈을 닦고, 토사의 법사, 닭피 묻히기, 저보의 과정을 실행한다.

현재 이 마을에서는 개광 제의를 간략화하고 점광 제의는 예전 모습 그대로 행하고 있다. 주신의 산 위 제의가 삼일 째로 끝이 나면 24개의 연행탈을 나묘 제단 위에 가지런히 올려놓고, 촛불을 켜고, 따뜻한 물과 새 수건으로 탈의 먼지를 씻어내고, 토사가 수탉의 피를 붓에 묻혀 이마·눈·입·귀·코에 찍는다. 그 후 종이로 접어 만든 밀가루빵[油條]을 각 탈 앞에서 원을 그려 넣고 절을 한번 하고, 폭죽을 터뜨리면 끝이 난다. 새로 제작한 탈은 점광 제의를 통해 신령함을 얻기도 하지만, 오래된 가면 역시 몇 년마다 점광 제의를 해야 영험함을 증가시킬 수 있다고 믿는다.

안휘 귀지의 개광 제의[5]는 전문 종교 사제를 부르지 않고, 칠장(漆匠)이 주재한다. 이들은 일찍이 단공(端公) 혹은 도사를 스승으로 모셔 제의 진행을 배워 부처상의 색칠과 금장식 및 개광 제의를 진행할 자격을 갖췄기 때문에 사람들은 그들을 저사(杵師)라고 부른다. 의식은 기창(起猖)·가창(駕猖)·포오방(跑五方)·수창(收猖)·점광(點光)·포오방(跑五方)·매관(埋罐) 순서로 진행하는데, 아래와 같다.

① 기창 : 탈을 제단 앞 대자리 타원형 소쿠리 위에 정해진 규약에 따라 늘어놓고, 향불을 사르고 절을 올리고 기창문을 읽고 오창신(五猖神)의 강림을 청한다. 이는 오창신이 다른 신령에게 이곳에서 신령님이 거하실만한 탈이 있음을 알려달라는 의미에서 진행하는 것으로 생각된다.

② 가창 : 여러 창신이 강림한 것을 보이는 과정이다.

③ 포오방 : 다섯 사람이 동·서·남·북·중앙 다섯 방위에서 오방신과의 연락을 위해 뛰어다닌다.

④ 수창 : 밤이 되면 산위로 올라가 평평한 곳을 찾아 팔괘를 그리고 향수(香首)·족장(族長)들이 각 팔괘 위치에 나눠선다. 저사는 옹이를 들고 온 산을 돌아다니며 가장 먼저 들리는 곤충·새소리를 잡아채는 시늉을 하고 옹이 뚜껑을 닫고 휘파람을 분다. 사람들은 이를 듣고 바로 횃불을 키고 북을 치고 총을 쏘고 오창의 신호를 얻었음을 알린다.

⑤ 점광 : 마을로 돌아와 첫닭이 울면 거행한다. 부적을 그리고 종이를 사르고 수탉피에 주사와 금가루를 섞어 탈의 위계에 따라 탈의 일곱 구멍에 찍어 바른다. 탈을 다시 소쿠리에 순서대로 배열하고, 제단 앞에 탈의 패위 즉 “××대사호도희신지위(××大社嚎啕戲神之位)”를 올려놓는다.

⑥ 포오방 : 다시한번 실행하고 탈에 대한 찬송사를 노래한다.

---

5) 왕조건(王兆乾) 외, 『가면의 뒤(在假面的背後)』, 안휘대학출판사(安徽大學出版社), 2000, 21쪽 참조.

⑦ 매관 : 수창한 옹이를 사단(社壇) 아래 묻는다. 날이 밝으면 패위를 불에 태우고 탈은 상자에 담는다. 이날 밤부터 연행을 할 수 있다.

2) 탈의 사용과 숭배 제의

귀주성 잠공현의 전설에 따르면, 나희가 도원동(桃園洞)안에 갇혀있어 그 가면을 나당(儺堂)안으로 청하는 개동희(開洞戲)를 해야만 나희 연행이 가능하다고 한다. 개동희는 '채구주(踩九州)'[6] · '점광점상(點光點箱)' · '청면구(請面具)' · '발오창(發五猖)' 등으로 이루어진다.[7] 우선 청해 들여야 할 탈을 해당 토지대에 놓고, 깔개를 한 장 깔고 법사가 맨발로 그 위에서 의식을 진행한다. 법사는 붉은 수건을 머리에 두르고, 평상복을 입고 등장해 채구주 세 번을 하고 채찍을 들고 여섯 번 바닥에 내리쳐 해당 장소를 정화한다. 보대(寶臺)를 마주하고, 괘를 바닥에 내리쳐 점을 치고 촛불 두 자루를 들고 개광 의식을 행한다. 사단(司壇)은 옆에서 개광사를 노래하고 법사는 촛불을 붙잡고 춤을 춘다. 조사(祖師) 지팡이를 문 앞에 꽂고 나당안의 기운을 제압하고, 각 탈마다 법수(法水)를 찍어 바른 후 하나씩 불러내어 손에 잡고 한번 뒤집어 돌리다가 용상(龍箱) 안에 놓는다. 그 후 법사는 괘를 잡아 문지방에 앉고, 사단은

---

6) 도교 제의에 쓰이는 걸음으로 팔괘강(八卦罡)이라고도 불린다. 법사는 고대의 구주(九州)를 대표하는 팔괘의 건(乾)·감(坎)·간(艮)·진(震)·손(巽)·리(離)·곤(坤)·태(兌)·중(中宮)의 아홉 방향을 디디면서 노래를 한다.

7) 탁수명(庹修明) 외, 『귀주성 잠공현 평장향 흘료족 나단과직의식 조사보고(貴州省岑鞏縣平庄鄉仡佬族儺壇過職儀式調査報告)』(민속곡예총서 13집), 시합정기금회, 1993, 86쪽 참조.

옆에서 <오창신의 병마를 청해 당(堂)으로 가서 동군(東君)을 보호하다>는 노래를 부른다.

사천성 면구양희의 경우는 개상의식으로 좀 간략하다. 덕망 있는 단주(壇主)가 주재하는데, 우선 탈상자를 들고 나와 신감 위에 올려놓고, 닭을 죽여 바치고 향을 사르고 하늘에 제사를 지낸다. 절을 하고 '개상사'를 읊조리며 상자를 열어 연행에 쓰이는 깃발과 칼·화살과 탈을 꺼내고 다시 탈을 신감 위에 올려놓는다.

강서 남풍현 도나의 개상의식 역시 곧 신령을 청해 들이는 것이다. 신령을 청하는 것은 탈과 관련된 일이므로, 안휘 귀지의 경우처럼 저사가 담당한다. 아래와 같다.

> 풍수 선생이 점광하는 길일을 정해주면, 저사는 '오뢰호령(五雷號令)'을 들고 제사 진행의 각 부분의 우두머리를 이끌고 이웃 개울물을 훔치러간다. '훔친다'고 표현한 것은 외부에서 신령들이 초대되어 오는 것이므로, 용왕님께서 물을 주어 점광의식을 치루는 것을 여러 신령에게 보여서는 안되기 때문이다. 물을 '훔칠' 때도 정해진 의식을 거행한다. 물을 가져오면 청신하기, 희생 제물 올리기, 심사(心祠) 담기 후에 '점광' 의식을 행한다. 먼저 각각 공자·태상노군·양오저사를 상징하는 붓 세 자루로, '훔쳐온' '성수'에 닭피를 섞어 가며 탈위에 찍어 바른다. 점광이 끝나면 바로 신좌에 모셔 나쁜 것들이 들러붙지 못하도록 한다. 한편 도나가 끝난 후 길일을 택해 봉상(封箱) 의식을 거행한다. 길일 새벽 나희 극단들은 나신묘로 속속 모여들어 각자 탈을 닦거나 도구·옷을 정리한다. 시간이 되면 촛불을 켜고 신묘 문을 닫고 제자 두 사람이 신감의 각루(閣樓)로 올라가 상자를 열고 정해진 순서대로 가면을 집어넣는다. 모두 4층으로 신분이 높은 신령의 탈이 아래에 놓이는데, 각 층마다 세 개 혹은 네 개의 탈을 놓는다. 탈 위에는 소도

구를 놓는다.[8)]

위의 지역과 달리 귀주성 덕강현 나당희의 경우는 연극 형태로 진행된다.[9)] 장단선생(掌壇先生)·첨각장군(尖角將軍)·당씨태파(唐氏太婆)·당씨선낭(唐氏仙娘)·도원화상(桃園和尙)·뢰석장(雷石匠)이 등장하는데, 도원화상만 탈을 착용하고, 나머지는 화장을 한다. 대략의 줄거리는 다음과 같다.

나당희는 도원의 상중 동굴에 갇혀있고 첨각장군이 그 앞을 지키고 있다. 장단선생이 동굴의 열쇠를 갖고 있는 당씨태파에게 문을 열어 탈과 신령을 불러낼 것을 부탁한다. 노파는 연로하여 며느리 당씨선낭더러 장군과 함께 가라 시켰다. 두 사람은 도중에 도원 토지신을 만나게 되고, 토지신이 선낭에게 치근덕거리다가 장군과 주먹다짐을 한다. 도중에 요괴가 돌을 사자상으로 변신시켜 길을 막으니, 뢰석장이 등장해 장애물을 제거하고, 장군과 선낭은 순조롭게 동굴문을 열수 있게 되었다. 동굴문이 열리면 장군과 선낭은 가면 앞으로 걸어가면서 개동청신사를 부르기도 하고, 탈을 덮고 있는 지전을 들어올린다. 또 괘를 던져 양괘가 나올 때마다 탈 하나를 꺼내 삼배 술을 올리고 탈 위에 약간의 백주를 바르는데, 이를 '개광'이라고 한다. 모든 탈에 의식이 끝나면 탈을 상자에 넣는다.

나희 연행을 모두 마치면 탈을 상자에 넣고 봉해버리는 봉

8) 여대희(余大喜), 『강서성 남풍현 삼계향 석우촌의 <도나>(江西省南豊縣三溪鄕石郵村的跳儺)』(민속곡예총서 5집), 시합정기금회, 1996, 89·113쪽 참조.
9) 왕추계(王秋桂) 외, 『귀주성 덕강현 온평향 황토촌 토가충 수나 조사보고(貴州省德江縣穩坪鄕黃土村土家衝壽儺調査報告)』(민속곡예총서 12집), 시합정기금회, 1993, 293쪽 참조.

상 의식이 거행된다. 구체적인 진행 사항은 마을마다 다를 수 있지만, 나희 연행에서 묻을 수 있었던 각종 사악한 액을 제거하고, 오곡풍등과 태평성대를 기원하고, 동시에 신령을 제자리로 돌려보낸다는 의미는 동일하다. 귀주 안순의 도관촌의 봉상의식을 보면, 장소는 나희 연행장소이든 탈을 보관하는 집 안이든 신감이든 신묘 안이든 상관없다. 다만 봉상의식을 치루기 전에 모든 탈을 관례에 따라 탁자에 늘어놓거나 신궤(神櫃)안에 넣어두고 사람들에게 절을 하게 한다. 탈을 늘어놓는 것도 관습에 따르는데, 의로운 인물은 위에, 그렇지 않은 인물은 아래에 두거나 혹은 각각 다른 상자에 넣어야한다. 그렇지 않을 경우 신령들간에 싸움이 일어 마을에 좋지 않은 일이 생길 수 있다고 믿는다. 탈을 깨끗이 종이에 싸넣으면서 '봉상사'를 읊으며 신령에게 제자리로 돌아갈 것을 청한다. 신궤에 탈을 모두 넣었으면 절을 하고 연행 때 사용했던 칼로 상자 위에 '봉(封)'자를 써넣는다. 이후 이듬해 연행 시기가 돌아와 개상 의식을 해야 비로소 탈을 사용할 수 있다.

3) 탈에 대한 금기 문화

금기는 '나빠서 피하는 것'과 '섬겨서 조심하는 것'으로 나눌 수 있다. 나희탈에 대한 금기는 후자의 경우에 해당한다. 탈과 관련된 모든 의식과 행위들은 금기를 갖는다. 안휘 귀지의 경우, 나무를 베어낸 후 반드시 나무의 뿌리부분을 흙으로 덮여야한다. 이는 나무에도 영혼이 있다는 생각에서이다. 귀주 안순에서는 악비(岳飛) · 관우(關羽) · 양계업(楊繼業) 등의 탈을 제작할 때, 제작자가 함부로 얘기를 하거나 농담을 하거나, 어린아이의 방해를 받거나 임신한 여인의 눈에 띄거나 하면 안되는 금기 규정이 있다. 이들 눈에 위의 인물들은 황제보다 더욱 중요하게 인식된다.

안휘 귀지의 각 마을에는 탈을 모독하고 더럽히면 신령의 벌을 받는다는 전설이 전해지고 있다. 예를 들어 연행자가 관우의 탈을 무릎에 얹어놓았더니 어떻게 해도 떨어지지 않았다고 한다. 탈을 쓰고 있을 때 무심코 떨어뜨리게 되면 가족 중 누군가가 죽을 것이라고도 한다. 대체로 탈에 대한 금기는 첫째 관련없는 자가 탈을 만져서는 안된다. 탈상자 위에 함부로 앉거나 뛰어넘어서도 안된다. 여자일 경우는 더더욱 그러하다. 여자의 접근을 방지하기 위해 연행 때는 아녀자가 사당 안으로 들어와서는 안된다. 둘째, 탈을 만지기 전에는 반드시 목욕을 하고 옷을 갈아입고 향을 사르고 절을 해야 한다. 셋째, 나희를 연행하기 반달 전부터 부부 관계를 맺어서도 안된다. 넷째, 연행할 때 연행자는 반드시 제사상 앞에서 예를 행한 후 써야한다.

3. 중국 탈 도상의 상징성

1) 머리 부분의 조형미와 상징성

중국 탈은 얼굴 · 머리 · 귀로 크게 나눠 볼 수 있는 만큼 머리부분이 해당탈의 특징을 알려주는 중요한 지표로 작용한다.

머리부분에는 사실 재현의 측면에서 사실적인 관모를 조각하는가 하면, 지희의 경우처럼 장식성과 표현성이 풍부한 투구를 조각하기도 했다. 우선 전자를 살펴보면 다음과 같다.

머리에는 주로 관모(冠帽) 혹은 투구를 착용하지만, 반인반수형 탈에는 뿔이 나있는 탈도 상당수 많다. 뿔이 나있는 탈의 경우 손오공이 머리에 둘렀던 당초 문양의 여의고(如意箍)를 했다. 당초 문양은 없지만 강서 남풍현의 개산(開山)·대신(大神)·소신(小神) 탈도 금테를 두르고 있다. 안휘 귀지 나희에서도 장룡과 짝이 되는 조호(趙虎)가 여의고를 하고 있다. 뿔이 있음은 반인반수를 나타내는 지표이고, 여의고는 신통력을 의미한다.

관모는 뿔이 나지 않고 장수가 아닌 모든 남성탈에 새겨있다. 관모에는 복두(幞頭)·오사모(烏紗帽)·무변관(武弁冠)·평정건(平頂巾)·도관(道冠)·원외모(員外帽) 등이 다양해 관모 형태만을 보고도 탈의 역할을 짐작할 수 있다.

오사모는 문관의 관모인데, 나희탈에서는 종규(鐘馗)·성황(城隍)·포공(包公)·좌우승상(左右丞相)·판관(判官)탈이 이를 쓴다. 종규는 전설에 따르면 장원급제하였으나 못생긴 외모로 급제 사실이 취소가 된 인물이다. 이에 원통함에 목숨을 잃으니 황제가 그를 '구마대신(驅魔大神)'으로 봉했고, 이어 옥황상제가 그를 구마제군(驅魔帝君)으로 봉했기에 관모인 오사모를 씌운 것이다. 안휘 귀지와 강서 만재현에는 가로로 뻗은 날개가 없지만, 강서 남풍현의 경우 뾰족한 깃이 위로 삐죽 올라가 있다. 경극이나 민간 년화(年畵)에서 종규가 쓰고 나온 첨시사모(尖翅紗帽)의 변형으로 보인다.

복두는 오사모의 전신으로 송대에 유행했었다. 부드러운 비단으로 머리를 감싸고 4가닥의 끈을 달아 2가닥은 머리 뒤로 매고 나머지 2가닥은 턱 아래에 매어 벗겨지지 않도록 하였으며, 일이 없을 때는 머리 위로 올려 앞으로 맸다. 오사모에 비해 머리를 가린 부분이 부드럽게 보인다. 복두로 보이는 관모를 쓴 탈은 강서 만재현의 점병(點兵)·주지(走地)탈이 있다.

무변관은 무관(武冠)이라고도 하며, 무관의 관모이다. 강서 남풍현의 일랑(一郎)·이랑(二郎)이 쓰고 등장한다.

구량건(九梁巾)은 정수리부분이 기와지붕처럼 주름 무늬를 새긴 모자로서 도사들이 주로 썼다. 안순 지희의 서무공(徐茂公)이 이를 썼는데, 그는 제갈량과 동일한 성격의 군사(軍師)로 등장한다.[10] 경극에서 군사 제갈량은 팔괘 문양을 새긴 도사건(道士巾)을 쓰고 등장하는데, 구량건과 모양이 대동소이하다.

도관은 주로 도인들이 쓰는 것으로, 강서 덕강현 영관(靈官), 귀주 나당희 압병선사(押兵仙師) 및 지희의 도인들이 이에 해당한다. 면구양희의 도인은 관 없이 일반적인 도인들처럼 머리를 틀어 올렸다.

평정건은 강서 만재현 공조(功曹), 사천 면구양희 대소생(大小生)·이소생(二小生) 등이 썼다. 평정모는 관청의 말단 관리들이 쓰는 것이었다.

지역을 가리지 않고 가장 많이 보이는 속신(俗神)으로 토지신이 있다. 토지신은 나희탈이나 민간 신상도(神像圖)에서도 대부

---

10) 서무공은 단약으로 설인귀를 죽이려하는 등 군사(軍師)로서 갖은 도술을 부리는 자로 등장한다. 뒤 5장 중국 탈의 활용에서 살펴보겠지만, 안순 지희의 경우 제갈량과 서무공의 탈을 통용해서 쓰고 있을 만큼 이들 간의 유사성은 크다.

분 원외건을 쓰고 있다. 원외건은 향신이나 원외들이 주로 쓰는 관모로, 향신처럼 마을을 돌보는 토지신의 경우에 부합한다.

탈 가운데 관모부분으로 보자면 사천 면구양희의 경우가 조각이 투박하고 다양하지 않다. 즉 이소생 · 원수(元帥) · 노신(老臣)탈이 얼굴 형태와 관 모양이 동일하다.

투구는 주로 장수탈에 새겨져있는데, 귀주 안순 지희를 제외한 탈은 장식이 덧붙여있긴 하나 보다 사실적이다. 반면 안순 지희탈의 투구는 이미 상징적 · 장식적으로 이루어져 표현적이다. 예를 들어 아래 그림의 나당희 주창탈의 투구는 『무경총요(武經總要)』의 투구 가운데 귀와 꼭지부분의 장식이 없는 형태로 보일 뿐, 이마 부분의 꽃 장식 등 그 형태가 크게 달라 보이지 않는다. 안휘 귀지 주창(周倉)탈은 투구 귀 위쪽으로 반수반인형에서 공통적으로 보이는 살쩍머리를 장식인양 붉은 색을 칠해 나타냈을 뿐, 투구의 기본 모양에서 크게 벗어나지 않는다. 반면 안순 지희의 장비(張飛)탈은 용 문양을 가득 그리고 귀 부분도 비사실적인 장식을 새겨 넣었다.

(그림 1)
『무경총요』 두무

(그림 2)
나당희 주창 탈

(그림 3)
안휘 귀지 주창 탈

(그림 4)
안순 지희 장비 탈

안순 지희탈의 경우는 장식성과 표현성이 풍부하다. 비사실적인 장식 문양을 빼곡히 새겨넣었다는 점에서 장식적이다. 대부분 영웅장수이고 신령이므로, 중국에서 가장 귀하게 대우받는 용과 봉황 무늬를 새겨넣었다. 전통문화에서 용은 남성을, 봉황은 여성을 상징하는데, 이것이 지희탈에도 반드시 적용되지는 않는다. 관우·울지공·위문통의 경우, 단봉안(丹鳳眼)을 갖고 있다는 이유에서 용과 봉황을 함께 새겨넣었다. 모두 눈이 두개이므로 봉황 두 마리를 새겨넣었다. 이는 사천 유양의 면구양희에서도 살펴볼 수 있다.

투구는 이마부분과 용머리를 기준으로 단층·두층의 장식이 새겨져있다. 용 문양은 적게는 네 마리, 많게는 열여덟 마리가 있다. 지희탈에서 가장 많은 용을 새겨넣은 것은 단연 훗날 황제로 등극한 이세민 탈이다. 수많은 용문양은 서로 조화를 이루어 좋은 의미를 생산하는 도상(圖象) 구실을 한다. 두 마리 용은 '두마리 용이 여의주를 다툰다[二龍搶寶]'의 의미이다. 두 마리 봉황은 '두 마리 봉황이 태양을 향하다[雙鳳朝陽]'의 의미이다. 까치는 '기쁨[喜]'을 상징하고, 박쥐는 '복[福]'을 상징한다.

이외에도 머리부분에는 해당 탈의 이력을 알려주는 도상을 새겨 상징성과 장식성을 강화시키기도 한다. 지희탈에서는 곧잘 인물이 별자리 신령이 윤회한 것이라 하여 이를 탈에 반영시켰다. 예를 들어 나성(羅成)·설인귀(薛仁貴)·곽자의(郭子儀)·양육랑(楊六郎) 등은 백호성(白虎星)이 윤회한 것이기에, 이들 탈의 투구에는 먼저 백호를 새겨넣고 용문양을 배치했다. 악비(岳飛)와 진숙보(秦叔寶)는 대붕성(大鵬星)이 윤회한 것이라 붕새를 새겨넣었다. 우고(牛皐)·왕호(王虎)는 흑호성(黑虎星)이라 호랑이를 새겨넣었고, 설정산은 금동성(金童星)이, 번리화(樊梨花)는 옥녀성이, 양범(楊凡)은 축귀성(丑鬼星)이 윤회한 것이라 관련 도상을 새겨넣었다. 금올출(金兀朮)은 '적수화룡성(赤鬚火龍星)'이 윤회한 것이라, 투구 위의 용 문양과 구별짓기 위해 '화룡'을 콧등에 그려넣기도 했다.[11] 이렇듯 인물의 현재와 다른 모습을 그려넣거나 새겨넣은 것은 다른 지역 탈에도 존재한다. 강서 만재현 사대천장(四大天將) 탈이 각각 흑색·홍색·황색·남색 바탕에 반수반인형의 얼굴을 하고 있는데, 머리 위 뿔 가운데에 금색의 부처좌상이 있다. 이것이 사대천장의 본 모습이고, 탈의 반수반인형의 얼굴은 액막이를 위

---

11) 심복형(沈福馨), 「지희면구면면관(地戲面具面面觀)」, 『귀주안순지희조사보고집(貴州安順地戲調查報告集)』(민속곡예총서 제1집), 시합정기금회, 1993, 196쪽 참조.
심복형, 「안순지희와 지희 탈(安順地戲和地戲臉子)」, 『귀주대학학보(貴州大學學報-藝術版)』(제1기 17권), 2003, 5쪽 참조.

해 변신한 모습이라고 한다.[12] 또 강서 남풍현 대신(大神)·소신(小神)·개산(開山) 탈 역시 반수반인형으로, 이마에 두른 금테 위에 사람 머리 모양이 각각 조각되어 있는데, 이 역시 탈의 전생 모습 혹은 본 모습을 새겨넣은 것이 아닌가한다.

그러나 지희탈의 장식적 측면은 본래부터 있었던 것은 아니었다. 청진현(淸鎭縣) 중팔향(中八鄕) 각패촌(角壩村)에서 명대에 만들어진 탈 7개가 발견되었는데, 오늘날 탈과 비교해 크기가 비교적 작다. 장식은 간단하여 용문양은 주로 두세 쌍이 일반적이고 성수 문양만 새기고 그렸을 뿐이다. 봉황 문양은 한 쌍이 전부이며 길상어(吉祥語) 장식은 보이지 않는다. 제왕은 용머리가 투구 안쪽으로 향한 반면, 하급 장수들은 바깥을 향해 있다. 성수 장식도 호랑이 전체를 새겨넣은 것이 아니라 머리만 새겼다.[13]

2) 귀 부분의 조형미와 상징성

안휘 귀지 나희탈의 경우 귀 부분은 부처처럼 길이나 크기를 과장한 경우는 있지만, 그리 심하지는 않다. 귀 장식이 비사실적으로 특색있는 것은 강소 만재현 도소탈과 귀주 안순 지희탈로, 장군탈이 많이 있다. 지희탈은 특히 투구의 경우처럼 화려하다.

강서 만재현 도소탈의 경우 상관(上關)·하관(下關)을 살펴볼 수 있다. 둘은 용호산(龍虎山) 장천사(張天師)의 봉직을 받아

12) 모레미, 앞의 글, 102쪽 참조.

13) 심복형, 「지희면구면면관(地戲面具面面觀)」, 200쪽 참조.

이 마을 나신(儺神)을 보호하는 장수로, 각각 조현단(趙玄壇)과 관우(關羽)이다. 붉은 얼굴에 검은 수염을 하고 녹색 장군 투구를 쓰고 있다. 눈에 띄는 것이 귀 부분을 해바라기꽃 모양으로 조각한 점이다. 같은 모양은 아니지만, 개산탈의 귀에도 비슷한 이미지를 발견할 수 있다. 개산은 푸른색 얼굴로 머리 양쪽에 붉은 뿔이 한 쌍 나있고, 이마에는 붉은 테를 둘렀으며, 테 위에는 보살의 얼굴상이 새겨져있다. 귀는 마치 작은 부채를 펴놓은 모양으로, 먼 곳까지 들을 수 있는 순풍이(順風耳)라고 한다. 해바라기 모양의 귀 형태는 근처 강서 평향현(萍鄕縣) 나희탈에서도 발견할 수 있다. 이 마을 주장군・왕장군・은장군의 귀를 보면 꽃송이만을 조각한 만재현의 것에서 더 나아가 새의 깃털 모양을 더해 화려함을 더했다.[14] 안순 지희에서는 이와 유사한 경우를 대다수의 장군 신령에서 발견할 수 있다. 이들의 귀 장식은 강서성의 경우처럼 귀 전체를 꽃으로 장식한 것 외에 용과 같은 다른 장식을 곁들인 것도 있지만, 해바라기 모양은 분명히 볼 수 있다.

(그림 5)
산동성 운성현(鄆城縣)에 전하는 양전(楊戩) 신상(神像)

장군의 투구 귀 부분을 해바라기 모양으로 그린 것은 탈 뿐만 아니라 민간에서의 신상에서도 확인할 수 있는데, 이를 보면 상당히 보편적인 현상이었던 것으로 생각된다.(그림5 참조)[15] 그도 그럴 것이 중국어에 '해바라기가 해를 바라보듯 마

14) 설약린(薛若鄰), 『중국무나면구예술(中國巫儺面具藝術)』, 강서미술출판사(江西美術出版社), 1996, 187쪽 참조.

15) 왕조문(王朝聞), 『중국민간미술전집-제사편·신상권-(中國民間美術全集·

음을 기울인다'는 '규경(葵傾)'이란 말이 있고, 이는 『송사(宋史)·악지십오(樂志十五)』에 "온갖 관리들이 구름처럼 모여들고, 무리들은 뒤에서 해바라기가 해를 바라보듯 기울이고 있다(千官雲擁, 群後葵傾)"에도 보인다.

신령의 모습이 상상의 산물이라 해도 실제 생활을 바탕으로 할 수밖에 없다. 귀 부분의 화려한 조각 문양들은 분명 현실에서 비롯된 것일 가능성이 크고, 이는 앞에서 본 『무경총요』의 두무일 것으로 파악된다.[16] 한편 해바라기는 장국(丈菊) 혹은 서번국(西蕃菊)이라고도 불리는 국화과 식물로, 세월이 갈수록 국화 문양과 구별을 두지 않아, 정교금(程咬金)·관우의 경우처럼 꽃잎이 말리는 국화 문양으로 장식하기도 했다. 물론 국화 문양은 중국에서 장수를 나타내는 것으로 영원한 생명을 가진 신령들에게 부합되는 문양으로 생각했을 것이다.

3) 얼굴 조형미와 상징성

중국 탈은 현실에 존재한 동물 혹은 인간을 근거로 사실적인 얼굴을 하고 있는가 하면, 반대로 비사실적 얼굴을 하고 있다. 탈은 곧 신령이다. 동물의 모습을 재현해 신령의 모습을 나타낸 것은 고대 토템신앙에서부터 비롯된 것이며, 인간을 근거로 신령의 모습을 삼은 것은 점차 신령의 인격화가 진행된

祭祀編·神像卷)』, 산동교육출판사(山東教育出版社), 1983, 167쪽 그림.

16) 심복형, 앞의 글, 5쪽에서 정수리 끝이 뾰족한 투구는 송대 무장의 두무에서, 평평한 투구는 당대의 복두에서 비롯되었다고 하는데, 귀 부분은 뾰족한 투구나 평평한 투구 상관없이 모두 두무에서 비롯된 것으로 보인다.

결과였다. 때로는 신성을 드러내기 위해 종종 인간과 동물의 모습을 섞어놓은 반인반수의 모습을 갖기도 한다.

(1) 동물형 얼굴 조형

동물형의 얼굴은 주로 동물 혹은 동물신에 해당하는데, 주로 귀주 안순 지희에서 찾아볼 수 있다. 이곳 탈에는 동물탈이 많은데, 이는 귀주 내 다른 나희와 구별되는 특징이기도 하다. 구체적인 예로 말 호뢰표(呼雷豹)와 오추마(烏騅馬) 탈을 들 수 있다. 오추마는 관우의 명마로 탈모양 역시 여느 말의 모양에서 벗어나지 않는다. 반면 호뢰표는 『설당연의』 제 37~39回에 등장하는 명마로, 한번 포효하면 적군의 말이 다 놀라 쓰러진다고 한다. 호뢰표탈 모양은 말이기보다는 이름 그대로 '범[豹]'에 가깝다. 이외에도 사자 · 호랑이 · 용 · 소 · 돼지 · 원숭이 탈이 있다. 또 동물신탈로는 어취도인(魚嘴道人), 계취도인(鷄嘴道人), 금귀도인(金龜道人), 야우정(野牛精), 야웅선(野熊仙)등이 보이는데, 탈모습으로는 동물탈과 다름이 없지만 머리에 도사의 관모를 쓰고 있어 도인임을 알 수 있고, 극중에서는 주로 적군 군영의 군사 혹은 전투를 도우러 오는 선인인 경우가 대부분이다. 예를 들어 계취도인탈(그림6)은 날개와 꼬리가 도인의 관모로 변형이 되었고, 얼굴은 닭의 특징인 부리가 선명히 새겨져 있어 괴이한 가운데 교활한 느낌을 자아낸다. 이는 <설정산정서(薛丁山征西)>에서 악역을 맡고 있다. 또 어취도인탈(그림7)은 계취도인탈과 동일하게 지느러미가 관모로 변형되었고, 얼굴의 입 주위는 물고기 주둥이 모양은 물론 수염까지 나있다. 이 역시 악역을 맡고 있다. 돼지머리 모양을 한 도인

탈 역시 늘상 악역으로 출연한다.

(그림 6)
닭의 부리 모양의 도인

(그림 7)
물고기 주둥이 모양을 한 도인

(2) 인간형 얼굴 조형

인간형 얼굴은 속신형과 속인형, 골계형으로 나눌 수 있다. 속신은 민간에서 집단적으로 숭배하는 신령으로, 옥황대제·용왕·복신·재신 등이 있는데, 나희탈에는 성황(강서 만재현), 토지(강서 만재현, 안휘 귀지), 옥황대제(안휘 귀지), 이랑신(二郎神:안휘 귀지), 판관(判官:귀주 덕강현), 나공(儺公:강서 남풍), 나파(儺婆:강서 남풍) 가 있었다. 현세인들은 이들에 기대어 평안함을 염원하므로, 이들은 현세인들의 수호신이자 숭배받는 주신이자, 상서로움을 안겨다주는 선량한 신이자, 온화함과 자비를 가져다주는 정신(正神)이다. 속신은 이미 민간전설을 통해 인간화 과정을 겪게 되어 외모 또한 인간의 모습을 하고 있다.

속인형은 속신에 비해 많은 편이다. 속인형은 살구색 얼굴을 하며 눈·코·입이 사실적이다. 이에 해당하는 탈은 다음과 같다.

① 안순 지희 : 번리화, 진금정(陳金定), 목계영(穆桂英), 이세민, 관우, 진숙보

② 나당희 : 맹강(孟姜), 선봉소저(先鋒小姐:관세음보살상), 당씨태파, 도사, 아환(丫環)

③ 강서 만재 도소 : 주지(走地), 화관색, 포삼랑(鮑三娘), 점병(點兵), 선병(先鋒), 공조, 녹품(綠品), 양수(楊帥), 소귀(小鬼), 판관(종규), 상관, 하관, 전사랑(前司郎), 조반(皂班), 동자(童子)

④ 강서 남풍 : 일랑(一郎), 관우, 화합(和合), 양임(楊任)

⑤ 사천 유양 면구양희 : 관우, 대소생, 이소생, 황생(皇生), 노생(老生), 원수(元帥), 노승상(老丞相), 부관(府官), 노신(老臣), 선봉(先鋒), 삼군(三軍), 화왕(火王), 선행관(先行官), 포승상(包丞相), 이대왕(二大王), 도인, 가원(家院), 원외

⑥ 안휘 귀지 나희 : 어부(강태공, 考官), 포증(包拯), 유문룡(劉文龍: 과거 전, 과거참가, 과거후), 관우, 소씨 여인, 좌승상, 장비(張妃), 화합(和合), 향관(鄕官), 번왕(藩王), 우승상, 송중(宋中), 범기량(范杞梁), 매파, 맹강녀(孟姜女), 설패(薛霸), 노회(老回), 이회자(二回子:서역인)

대체로 안휘 귀지 나희를 제외하고는 여성 장수·문장(文將)들이 이에 해당한다. 눈썹은 "젊은 장수는 화살처럼, 여성 장수는 선처럼(少將一枝箭, 女將一棵線)"이란 말에 부합되게 그렸다. 눈은 때론 가늘게, 때론 부릅뜨지는 않지만 표범처럼 동그랗게 그리는 듯 일정치 않다. 관우처럼 역사전설에 '검미(劍眉)·단봉안(丹鳳眼)·미염공(美髥公)'이라는 외모가 굳어진 경우는 지역에 관계없이 그대로 따랐다.

속인형탈은 각 나희마다 특징을 가지고 있다. 안휘 귀지 나희는 구화산(九華山) 인근이라는 측면때문인지, 대부분 후덕한

부처의 얼굴을 하고 있다.(그림8) 귀주 안순 지희의 경우, 대다수를 차지하는 속인형 장수탈의 경우 장수의 강인함과 날렵함을 살렸다.(그림9) 사천 유양의 면구 양희의 경우, 앞의 두 지역 탈보다 굴곡이 심하지 않아 평면적이며 거칠다.(그림10)

(그림 8)
안휘 귀지 나희의
과거시험볼 때의
유문룡 탈

(그림 9)
귀주 안순
지희의 악비 탈

(그림 10)
사천 유양
면구양희의 대소생 탈

골계형은 속인형에 속할 수 있으나, 즉흥연기와 해학적인 역할을 담당하는 등 특징있는 인물이기에 따로 분류했다. 나희 중의 화상탈은 대부분 이에 해당되는데, 포동포동한 얼굴에 눈과 입은 웃고 있어 보는 이로 하여금 웃음지게 만든다. 다른 형의 탈이 좌우대칭인 반면, 골계형은 얼굴 형태가 찌그러져있어 우스꽝스런 느낌을 연출하는 탈도 있다. 나당희의 경우 진동(秦童:일명 당이唐二)·진삼낭(秦三娘)·추고파(秋姑婆)·연로구(攆路狗)가 이에 해당하는데, 화상탈과 대조적으로 입은 삐뚤어진 채 이빨을 드러내고 코에는 주름이 잡혀 있거나, 가는 눈썹에 눈은 쫙 찢어지고 턱이 없는 자도 있다. 지희의 대표적

골계형 탈은 왜노이(歪老二)와 소희희(笑嘻嘻)이다. 시간상으로 보면 소희희가 왜노이보다 오래되었다. 소희희는 명초 지희가 귀주로 전해질 때, 당시 귀주에서 저항을 하던 원(元) 양왕(梁王) 휘하의 병사의 모습을 하고 있다. 이는 적군의 하급 병사를 풍자하면서 즐겼던 역사적 상황을 그대로 나타낸 것이다. 왜로이는 함풍년간에서야 비로소 나타나는데,[17] 이는 양 군이 대치할 때 그 사이를 오가며 말을 전하고 때로는 토론을 벌이기도 하고 때로는 손발을 마음대로 휘젓거나 심지어 무대를 넘나들며 물을 따르는 등 우스꽝스런 상황을 연행하는 자이다.

(3) 반인반수형 얼굴 조형

반인반수형의 탈은 주로 나쁜 것을 물리치는 신령탈이 많다. 이들은 못된 사악한 것을 놀래켜 물리쳐야하므로, 공포심을 자아내는 괴기스런 모습을 하고 있다. 따라서 얼굴색이 남색·녹색·흑색 등 비사실적인 색깔로 처리했으며, 머리에 뿔이 나있으며, 눈은 화가 나있는 듯 앞으로 약간 돌출된 부리부리한 모양이고, 뻐드렁이는 괴물처럼 바깥으로 돌출되어 있다. 눈썹은 화염 모양을 하고, 얼굴 윤곽은 대체로 굴곡이 심하고 공포감을 더하기 위해 불꽃 모양 등 다양한 무늬를 그려넣었다. 또 거칠고 사납고 힘센 모습을 잘 드러내기 위해서 살쩍머리가 하늘로 치솟아, 때로는 뿔이 아닌가 여겨질 정도이다. 살쩍머리는 관모를 썼어도 역시 바깥으로 드러낸다. 각 지역 나희 중 반인반수형에 해당하는 탈과 그 예는 다음과 같다.

---

17) 심복형, 「귀주안순지희와 지희탈」, 『귀주대학학보(예술판)』(제1기 17권), 2003, 6쪽 참조.

① 나당희(혹은 나단희) : 개산망장(開山莽將), 주창(周倉), 양사(陽泗), 개로장군(開路將軍), 승차(丞差), 채양(蔡陽), 개산(開山), 압병선사(押兵仙師), 영관(靈官)

② 귀주 지희 : 강룡(康龍), 소보동(蘇寶童), 울지공(尉遲恭), 마숙모(痲叔謀), 이원패(李元覇), 정교금(程咬金), 포공(包公), 송제(宋齊), 장동(張童), 화불탑(花不塔), 유무주(劉武州)

③ 강서 만재현 도소 : 개산, 뇌공, 사대천장

④ 강서 남풍 : 개산, 뇌공, 지전, 대신(大神), 소신(小神), 종규, 괴성(魁星), 주창, 우마왕

⑤ 사천 유양 면구 양희 : 우나일(牛羅一:볼에 곰보 점자국), 우나이(牛羅二), 오공(悟空), 소귀(小鬼), 산대왕(山大王)

⑥ 안휘 귀지 나희 : 초혼(招魂), 장룡(張龍), 종규, 주창, 조호, 천리안, 순풍이, 삼회(三回), 사회(四回), 포공

(그림 11)
안휘 귀지의 장룡 탈

(그림 12)
귀주 나당희 개산망장

(그림 13)
귀주 안순 지희의 소보동 탈

나쁜 것을 물리치는 신령탈은 고대 방상시 전통에서 비롯되어 전쟁 영웅신으로 옮아갔기 때문에[18] 나희에는 수많은 전쟁

18) 홍영림, 『명 · 청대 화북 향촌희 연구』(연세대학교 박사학위논문, 2002)

영웅들이 등장한다. 특히 군나(軍儺)인 지희에는 무수히 많은 전쟁영웅들이 등장하는데,[19] 전투장면을 연행하기 위해서는 제압당하는 상대역이 존재해야한다. 방상시 전통에서는 제압당하는 나쁜 액은 가시적으로 등장하지 않는 반면, 오늘날의 나희 연행에서는 양자 모두 등장할 때가 있다. 나쁜 것을 제압하는 방상시 자신과 열두 신수(神獸)가 전쟁영웅으로 변모했다면, 제압당하는 나쁜 액은 적군으로 가시화되는 경향이 농후하다. 제압하는 이들이나 제압당하는 반수반인형은 외면상 별차이가 없어 보인다. 이는 제압하는 장수를 돋보이게 하기위해 제압당하는 이를 위풍당당하고 무섭게 그린 것이 아닌가 한다.[20]

(4) 얼굴 색채 조형의 특징

탈의 조형에는 색채도 한몫하고 있는데, 대체로 홍·황·남·백·흑의 오방색을 기본으로 쓰였다. 홍색은 혈기왕성한 색으로 충·용맹·열혈·왕성함을 나타낸다. 모든 지역 나희의 관우탈이 이에 해당하고, 귀주 안순 지희의 설인귀(薛仁貴)탈이 대표적이다. 황색은 기본적인 피부색으로 중노년 인물의 가라앉은 분위기를 표현한다. 귀주 안순 지희의 진숙보를 예를 들 수 있다. 남색은 짙은 색을 주로 사용하는데, 신묘 안의 귀신과 저승사자 등의 포악함 혹은 음침하고 두려운 느낌을 자

의 제2장 제5절「전쟁 영웅을 소재로 한 연극」참조.

19) 이 지역에서는 이들을 '오색상(五色相)', 즉 문장(文將)·무장(武將)·노장(老將)·소장(小將)·여장(女將)으로 분류한다.

20) 한편 전쟁영웅신령 중 지위가 높고 비교적 문아한 느낌이 나는 장수, 즉 이를 테면 문장들은 인간형의 모습을 하고 있는데, 악비나 양육랑 등의 경우가 그러하다.

아낸다. 강서 남풍의 소신탈이 이에 해당한다. 백색은 깨끗하고 단아하고 선량함을 나타낸다. 안휘 귀지의 토지신이 이에 해당한다. 흑색은 저승세계의 신령을 주로 나타낸다. 안휘 귀지의 종규가 이에 해당한다. 이외에도 금색은 위풍당당하고 화려한 주신에 사용했고, 은색은 재복신이나 하위의 신령에게 사용했다.[21] 이외에도 고동색, 청색, 살구색 등이 사용되었다. 그러나 악역인 금올출이 붉은 얼굴인 것을 보면, 위의 법칙이 항상 들어맞는 것은 아니다. 그만큼 탈 색채는 민간 예인들이 자유롭게 상상한 결과라고 볼 수 있을 것이다.

간혹 색채를 통해 연령을 나타내는 경우가 보이기도 한다. 예를 들어 지희에서 설인귀는 동쪽을 정벌할 때 젊은 장수로서 하얀 얼굴을 하고 있다. 그러나 서쪽 정벌을 할 때는 이미 노장이 되었으므로 붉은 얼굴 탈을 쓴다. 또 울지공 · 울지청산(尉遲靑山) · 울지호회(尉遲號懷) · 올지보림(尉遲寶林)은 각각 흑색, 남색, 녹색, 백색(혹은 흑색) 탈을 쓰는데, 이는 색채를 다르게 함으로써 연령과 연배를 달리 나타내려한 것이다.[22]

이상으로 살펴본 바와 같이 얼굴 색채는 고정된 의미를 갖기 보다는 민간 예인들이 자유롭게 운용하며 때로는 장식적 효과를, 때로는 의미를 생산해내기도 한다.

21) 설약린, 앞의 책, 90쪽 참조.
22) 심복형, 앞의 논문, 6쪽 참조.

4. 탈의 활용

1) 탈의 크기와 착용법

각 지역 탈의 크기는 다음과 같은데, 대체로 얼굴보다 큰 크기의 탈은 강서와 안휘의 탈이다.

① 강서 만재현 도소탈의 너비 : 12~27, 길이 26~32
② 강서 남풍현 도나탈의 너비 : 16~23, 길이 26~50
③ 사천 면구양희탈의 너비 : 15~20, 길이 28~30
④ 귀주 나단희탈의 너비 : 13~17, 길이 25~32
⑤ 귀주 안순 지희탈의 너비 : 13~25, 길이 17~33
⑥ 안휘 귀지 나희탈의 너비 : 19~22, 길이 24~37

탈 착용법은 안휘·강서 지역은 탈을 직접 얼굴에 쓰고, 사천과 귀주는 이마 위에 걸친다. 세부적으로는 다음과 같다.

① 안휘 귀지 나희 : 눈이 뚫려 있어 연행할 때 얼굴을 전부 덮어 쓰기도 하고, 때로는 이마 위에 걸치기도 한다.

② 강서 만재현과 남풍현 : 탈의 눈이 뚫려 있어 얼굴에 쓰고 연행한다.

③ 사천 면구양희 : 가면은 앞이마에 달고, 머리위에서 목까지 흰 면포로 싸맨다. 얼굴 아랫부분은 홑겹으로 싸매 강창(講唱) 소리가 잘 흘러나오도록 한다. 연행자의 눈은 가면의 입을 통해 바깥 사물을 본다.

④ 귀주 안순 지희 : 탈의 눈과 입가에 조그만 구멍이 뚫려 있다. 검은 천을 머리에 통째로 두르고 탈을 이마에 걸치고 천을 통해 바깥

을 본다.

⑤ 귀주 나당희 : 탈에 눈이 뚫려 있으나 사천의 면구양희와 탈 쓰는 방식이 동일하다. 다만 덕강현의 경우, 무장탈은 붉은 천으로 얼굴을 가리고, 남자탈은 흰 천, 여성탈은 검거나 푸른 천을 쓴다.

2) 전용 탈과 통용되는 탈

귀주 안순 지희는 작품(일명 劇目 혹은 레파토리)을 '당(堂)'으로 세는데, 일당희(一堂戲)는 가면이 적게는 30~40개, 많게는 100~200개 정도 등장한다고 한다. 현재 안순시(安順市)에 전하는 작품은 총 184개이니, 한 작품당 대략 50개의 탈이 필요한다고 하면 총 9200개의 탈이 안순시 전역에 존재하는 셈이다. 그러나 탈 제작 비용이 많이 들어 비슷한 가면은 상호 대체해서 쓰는 것이 관례이다. 예를 들어 장비와 호경덕(胡敬德), 제갈량과 서무공, 개소문(蓋蘇文)과 단웅신(單雄信)은 물론 윤회하는 별자리가 같은 장수들은 공용으로 썼다. 이외에 위문통(魏文通)은 대본에 단봉안에 붉은 얼굴을 했다 해서 관우탈로 대체한다. 단 동일 작품 안에서는 대체할 수 없으며, 중요 인물일 경우도 대체가 불가능하다.

귀주성 덕강현 나당희의 경우에도 탈의 전용과 통용이 있다. 현재 나 제사에 사용하는 탈은 총 28개로, 정희(正戲)의 탈, 즉 관우 · 주창 · 인병토지(引兵土地) · 양산토지(梁山土地) · 판관 · 선봉 · 진동 · 이룡(李龍) 등은 다른 등장인물에 사용할 수 없다. 탈의 통용은 삽희(插戲) 중에, 즉 감선생의 탈을 관평이 사용할 수 있고, 개산탈을 장비가 사용할 수 있고, 아환의 탈을 옥녀가 대신 사용할 수 있고, 개산 혹은 뿔이 하나 달린 탈은

王小二가 대신 사용할 수 있다.

사천성 유양의 면구양희의 경우에도 전용과 통용이 있다. 승상탈과 도인탈은 각각 다른 탈로 통용할 수 없다. 반면 황생(皇生)은 옥황상제탈이 없을 경우 이를 대신해서 사용하고, 오공은 제천대성이라 불리기도 하는데, 불심을 갖고 있어 때때로 불법이 심오하고 깊은 스님탈로 대체해서 쓸 수 있다. 한편 생·정·축 행당 관습에 따라 사용하기도 한다. 이 때문인지 이 곳 나희탈 인물은 관우·포승상·오공을 제외하고, 나머지 탈, 즉 대소생·이소생·대노생·노승상·노신·부관·삼군·선봉·선행관(先行官)·산대왕·이대왕(二大王)·가원·우나(于羅)는 그 명칭이 고유하지 않고 일반적이다.

안휘 귀지 나희탈의 경우에도 전용과 통용의 관습은 있다. 이곳에서는 탈과 등장인물을 생(生)·단(旦)·축(丑)으로 분류하여 해당 그룹에서는 탈을 통용해서 쓴다. 예를 들어 맹강녀·소씨녀·백화녀는 단각(旦角)탈을 통용한다. 범기량과 유문룡은 생각(生角)탈로 통용해서 쓴다. 또 황제탈은 <유문룡>의 한 영제를 연행하고, <맹강녀>에서 진시황을 연행한다. <포문정(包文正)>의 송(宋) 인종(仁宗)탈은 나무(儺舞)에서 천제를 연행하고, 장룡·조호는 포공희 외에 다른 극작품 안에서 수하 혹은 무사가 된다. 토지신탈은 <유문룡>에서 유씨 아버지로 연행할 수 있다. 생·단·축의 각색 개념, 즉 인물의 유형화를 통해 다양한 극작품을 연행하는 것은 오락을 위한 일반적인 전통극에서 시행하고 있는 것이다. 각색 개념의 시행을 통해 나희와 일반 전통극간에 상호 교류가 있었음을 알 수 있다. 다만 그것이 구체적으로 어떠했는지는 좀더 자세히 살펴야할 것이다.

5. 맺음말

이상에서 중국탈의 숭배 제의 문화 및 조형미와 상징성, 탈의 활용에 대해 살펴보았다. 탈은 조형면에서 사실적, 비사실적 요소를 갖는다. 사실적 요소는 현실을 반영한 것으로, 예를 들어 얼굴 형태, 피부 색깔, 관모의 종교 등이 그것이다. 비사실적 요소는 상징성이나 장식성을 갖는데, 예를 들어 반인반수형의 얼굴 형태가 갖는 의미, 그 피부 색깔이 가져다주는 분위기, 현란하게 조각되어 있는 투구 등이 그것이다. 탈에는 또 도상의 상징성도 보이는데, 투구에 조각된 동물 모양은 길상어 혹은 탈 인물의 전생을 기록한 것이기도 하다. 또 귀 부분의 해바라기 모양은 신령을 숭배하는 지역민들의 마음이 담긴 도상 구실을 한다.

나희에서 탈은 곧 신령이다. 탈을 제작하기 위해 제작일 선정과 나무 선정, 제작 후 연행에 사용하기 전, 해마다 나희 연행을 시작하기 전 등 나희탈을 둘러싼 많은 숭배 제의와 금기 문화가 뿌리깊게 이어져오고 시행되고 있다. 지금 중국에서 나희는 지역 예술문화의 일환으로, 숭배라는 종교의식이 희박해져가고 있다. 종교적 숭배가 사라진 나희탈은 연행 공간에서 사라지고 공예품으로서 시장에 내다 팔리고 있는 실정인데, 이는 향후 더욱 빈번해질 것이다. 신령에게 바치는 연극이지만 인간들이 더욱 재미나게 즐겼던 나희는 이제 종교적 숭배가 사라지면서 인간의 오락물로 나아가지 못하고 사라지고 있다.

참고문헌

曲六乙,「中國各民族儺戲-神秘與奇特的戲劇世界」,『儺文化與藝術』, 貴州人民出版社, 1993.

沈福馨,「地戲面具面面觀」,『貴州安順地戲調查報告集』, 民俗曲藝叢書 제1집, 施合鄭基金會, 1993.

沈福馨, 「貴州安順地戲和地戲臉子」, 『貴州大學學報(藝術版)』 第1期 제17권, 2003.

毛禮鎂,『江西省萬載縣潭阜鄉池溪村漢族丁姓的 「跳魈」』, 民俗曲藝叢書 2집, 施合鄭基金會, 1993.

薛若鄰,『中國巫儺面具藝術』, 江西美術出版社, 1996.

余大喜,『江西省南豊縣三溪鄉石郵村的跳儺』, 民俗曲藝叢書 5집, 施合鄭基金會, 1996.

王兆乾 외,『在假面的背後』, 安徽大學出版社, 2000.

王朝聞,『中國民間美術全集・祭祀編・神像卷』, 山東教育出版社, 1983.

王秋桂 외,『貴州省德江縣穩坪鄉黃土村土家衝壽儺調查報告』, 民俗曲藝叢書 12집, 施合鄭基金會, 1993.

庹修明 외,『貴州省岑鞏縣平庄鄉仡佬族儺壇過職儀式調查報告』, 民俗曲藝叢書 13집, 施合鄭基金會, 1993.

呂光群,『貴池儺文化藝術』, 安徽美術出版社, 1998.

左漢中,『安順地戲臉子』, 中國民間美術叢書, 湖南美術出版社, 1999.

顧樸光,『儺戲面具藝術』, 貴州民藝出版社, 1987.

顧樸光,『中國面具史』, 貴州民族出版社, 1996.

余大喜,『中國儺神譜』, 廣西民族出版社, 2000.

홍영림,『명・청대 화북 향촌희 연구』, 연세대학교 박사학위논문, 2002.

| Chapter 3 |

기악가면의 발견

요코야마 타로(横山太郎)

1. 머리말

기악은 구래우타노마이(呉楽)라고도 불리며, 6~7세기에 대륙으로부터 일본에 전해진 가면 예능이다. 『일본서기(日本書紀)』 스이코(推古) 천황 20년(612년)에 '百濟人味摩之歸化. 曰. 學于吳得伎樂儛' 라고 적혀 있는 것이 본격적인 기록이라 생각된다. 외교나 불교 법회의 의례악(儀禮樂)으로서, 나라의 사원을 중심으로 번영했는데, 8세기에 아악료(雅樂寮)가 정비되자 점차 무악에 그 자리를 빼앗겨 변질 또는 쇠퇴한 끝에 중세에 사라졌다. 남아있는 자료를 보아서는 고대의 기악은 음악에 맞추어 가면을 쓴 등장인물이 차례로 무용이나 촌극을 보이는 야외극과 같은 예능이었다고 추측된다. 그러나 전래 당초의 구체적인 내용이나 노와 같은 후대의 가면예능으로의 계승·전개 등 많은 문제가 해명되지 않은 채로 남아있다.

기악은 아시아 각지의 가면 예능과의 유사성이라는 측면에서도 주목받고 있지만, 가면 등의 고자료(古資料)가 일본 것에 제한되어 있으며 상연의 역사도 이른 시기에 끊겼기 때문에 기악이 어느 지역에서 발상(發祥)하여 대륙에 있어서 어떠한 형태로 연희되고 있었는지, 또 그것이 현재 아시아 각지의 가면예능과 어떤 관계를 가지는가 하는 모든 문제가 아시아 예능사상 큰 수수께끼로 남아있다. 이처럼 고대 기악은 일본예능사와 아시아예능사의 '잃어버린 환(環; missing link)'이며 이를 해명하는 작업에서 커다란 식견이 초래될 것이라고 기대한다.

2. 기악사의 기본문제

1) 일본 이전의 기악

'기악'이라는 단어는 인도·중국에서는 불교의례에 따른 가무음곡(歌舞音曲)의 일반 명칭이며 고대의 일본에서 기악 가면을 가지고 상연했던 것은 '오(吳)'나라 지역에서 백제의 미마지(味摩之)가 배워서 전했던 가면예능 '오(吳)의 기악'이었다. 우리들이 자료에서 '기악'이라는 단어를 볼 때는 항상 이 중 어느 쪽을 의미하는 것인가에 주의하여야 한다. 임시로 후자를 오악(吳樂)=일본기악이라고 부르도록 한다. 이 '오(吳)'나라가 어디인가 하는 것에 대하여 상호 관련된 세 가지 문제가 있다.

① 기악에 인도나 서역의 요소가 있는 것은 확실하지만, 그것들이 정리되어 오악(吳樂)=일본기악과 같은 가면예능이 성립한 것은 어디인가?

② 미마지가 기악을 습득한 오(吳)나라는 어디인가?

③ 전래 당시의 일본에서는 오(吳)나라를 어디라고 인식하고 있었는가?

각각 중국 삼국시대의 오(吳)나라가 있었던 강남지방, 인도지나 반도, 서역(인도·중앙아시아·페르시아·그리스), 한반도 대방군(帶方郡) 등의 설이 있으며, 이들을 조합하여 기악의 성립과 전래에 관한 가설이 구성된다. 한반도와의 영향관계를 중시한다면, (1)서역의 모든 예능이 중국강남에서 통합되어 오악(吳樂)의 원형이 정돈되고, 그것이 한반도 대방군에 전해졌으며, (2)미마지는 대방군에서 그것을 배워 일본에 전했는데, (3)고대 일본은 그것을 중국강남 오(吳)나라 지역 특유의 예능이라고 인식하였다고 하는 가설을 세울 수 있다. 하지만 이 이외에도 여러 가지 성립·전래 패턴을 생각할 수 있다. 예를 들면 14세기 초두에 성립한 문보본(文保本) 계통의 성덕태자전(聖德太子伝)에 '백제로부터 건너 온 무악 관현 등의 곡을 전달한 미마지라고 하는 악인(樂人)은 천축(天竺) 동북의 오국(吳國)이라는 나라의 사람이다'라는 기록이 있다. 일본서기에도 '百濟人味摩之'의 '人'이 결여된 사본이 있어 미마지가 확실하게 백제인 이었는지는 확실하지 않다. 이러한 입장에서 보면 (1) (2) (3) 모두 티베트나 부탄 지역을 상정할 수 있게 된다.[1)]

2) 고대일본에 있어서의 기악의 실태와 그 변화

전래한 뒤 얼마 지나지 않은 시기의 기악의 실태는 당시의 문헌에 보이지 않고, 현존하는 기악가면, 중세의 악서(樂書)『교훈초(敎訓抄』(1233)의 기악 기록 및 아시아 각지의 가면예능의

1) 기무라 아야코(木村理子), 「몽골 참과 기악의 비교 고찰」(『국문학 해석과 교재의 연구』제45권 12호, 2000) 참조.

형태 등을 비교하여 유추할 수밖에 없다. 예를 들면 『교훈초』 기사 내용과 현재의 가면예능의 유사성에 있어서 공통된 고대 기악을 상정하는 방법이다. 이러한 방법에 의해 티베트 불교의 의례악(儀禮樂)인 '참'과 기악의 유사성(기무라 아야코 설)이나, 한반도의 산대도감극 혹은 하회별신가면극과 기악의 유사성(이혜구, 장사훈, 서연호 등의 설)이 지적되고 있어 아시아 예능의 인식에 새로운 전망을 열어 주었다. 그러나 고대 기악의 예능 형태가 『교훈초』와 크게 달랐을 가능성도 부정할 수 없다. 예를 들면 7세기 말 법륭사(法隆寺) 소장의 最古의 기악가면에서 8세기 중엽 동대사(東大寺) 소장의 기악가면에 이르기까지 같은 종류의 기악가면이라도 모습이나 머리카락의 형태가 바뀌었는데, 이들이 동시대의 중국문물의 영향이라는 점과 이러한 형태의 변화가 가면이 나타내는 캐릭터의 이해의 변화를 반영하고 있다는 점이 미즈노 사야(水野さや)와 아사누마 츠요시(淺湫毅)에 의해 지적된 바 있다. [2]) 이러한 변화는 예능의 형태에도 영향을 미쳤을 것이며 그렇다면 반세기 사이에 일본 기악은 변화했다는 이야기이다. 이러한 점에서 보더라도 후세의 자료로 고대 기악의 실태를 추측하는 데에는 신중한 태도가 필요하다.

2) 미즈노 사야(水野さや), 「伎樂面 '吳女'에 대해서 : 머리카락 모양의 원형에서 본 吳女의 성격에 관한 일 고찰」 (『南都仏教』76호, 1999)과 아사누마 츠요시(淺湫毅), 「伎樂面의 崑崙에 대한 일 고찰」(『Museum 東京國立博物館硏究誌』539호, 1996) 참조.

3) 기악, 그 후

일본에서는 기악 후에 무악(舞樂), 사루가쿠(猿樂), 각지의 민속예능과 같은 가면 예능이 나타났다. 특히 일본을 대표하는 가면예능인 사루가쿠에의 영향이 주목되는데 노세 아사지(能瀨朝次)의 『노가쿠 원류고(能樂源流考)』(1941년)이래 그 영향은 낮게 평가되고 있다. 또, 기악 가면이 노(能) 가면과 현저히 다른 양식이기 때문에 같은 기악 예능이라고는 하지만 양자는 각각 일본문화에 있어서 고대적인 것과 중세적인 것의 대표로서 대비적으로 이해되어 왔다. 그러나 예전에 요시다 토고(吉田東伍), 다카노 다츠유키(高野辰之), 와츠지 데츠로(和辻哲郎) 등이 지적했던 것처럼 기악의 악호(樂戶, 율령관제에 의한 예능 전업자 집단, 혹은 전수 하던 곳)가 설치되었던 지역이 훗날 야마토사루가쿠(大和猿樂)의 활동지였다는 점, 노세가 사루가쿠의 루트로 상정한 토사루가쿠(唐散樂)에서는 가면을 사용하지 않는다는 점 등 기악의 사루가쿠에의 영향에 대해서는 재검토할 여지가 남아 있다.

3. 기악 가면의 발견 : 와츠지 데츠로(和辻哲郎)에 이르기까지

원래 고대 기악의 존재가 알려지게 된 것은 기악 가면을 통해서였다. 고대의 기악 가면은 일본 국내에 2백 수십 점 현존하는데, 그 대부분이 나라현(奈良縣)의 동대사(37점), 정창원

(171점), 법륭사(현재는 동경국립박물관에 소장되어 있는 31점과 법륭사 소장 1점)에 전해져 내려 온 것이다. 이들은 기악이 사라짐과 동시에 긴 세월 잊혀져 있었다. 기악 가면이 미약하나마 세상의 빛을 받은 것은 에도(江戶) 시대 후기(19세기)가 되어서 부터이다. 이 시기에는 국학(國學) · 본초학(本草學)을 배경으로 고전을 애호하고 옛 것을 수집하는 풍조가 확산되는데 그것을 대표하는 것이 에도 막부의 최고직 이었던 노중(老中) 마츠히라 사다노부(松平定信)의 편찬에 의한 일본 최초의 문화재 도록이라고 할 만한 『집고십종(集古十種)』(1800년)이다. 거기에는 법륭사의 기악 가면이 정확하게 그려져 있다. 이러한 흐름 속에 정창원 문서를 정리 공개 하였던 에도 후기의 국학자인 호이다 다다토모(穗井田忠友, 1791~1847) 나 메이지(明治) 5년에 문부성박물국(文部省博物局)조사관으로서 정창원 보물조사를 했던 니나가와 노리타네(蜷河式胤) 처럼 나라의 절과 신사에 국한 된 고대일본의 문화재를 발굴한 사람들이 있다.

그들의 학문은 근대적인 실증이 결여되어 있지만 명치 시기의 일본에 있어서의 서양 학문 유입을 위한 준비 작업에 해당한다. 나라 지역의 절과 신사에 잠들어 있던 문물의 조사도 훗날에는 고고학 · 미술사 · 인류학 · 골동품에 대한 취미 등으로 분류될 「지(知)」가 혼연해있던 근세적인 시각에 의해 시작되었던 것이다.[3)]

---

3) 이러한 막부 말기의 학문 성격에 대해서는 미셸푸코의 『말과 물건』의 방법에 근거하여 이 시기의 학문을 지탱하던 인식론적 공간을 밝히려 하였던 스즈키 히로유키(鈴木廣之)의 연구를 참조할 것. 스즈키 히로유키, 『옛 것을 좋아하던 이들의 19세기 : 막부 말기 명치에 있어서의 <물건>의 고고학(好古家だちの19世紀 ; 幕末明治における<物>のアルケ

이와 같이 나라 지역의 절과 신사의 조사를 통해서 고대 일본을 재발견 하는 활동은 메이지(明治) 중기에 근대적인 미술사와 건축사의 연구로 이어진다. 여기서 중심적인 역학을 했던 것은 불상이나 일본화를 처음으로 서양적인 의미에서의 「예술」로 평가한 외국인 고용학자 어네스트 페롯서, 그의 조수를 지냈으며 훗날 동경미술학교(현재의 동경예술대학)를 설립한 오카쿠라 텐신(岡倉天心), 일본 건축사를 창시한 이토 다다오(伊藤忠太)들이었다.[4] 페롯서와 오카쿠라는 명치 17년부터 수차례에 걸쳐 고사찰의 보물 조사를 하고, 법륭사의 비불(秘佛)인 몽전구세관음(夢殿救世觀音)을 무리하게 공개하도록 하는 등 탈종교화 된 근대적인 시선으로 고대 불상의 조형미를 발견하였다. 이토 다다오는 일본 최초의 건축사 논문이라 일컬어 지는 「법륭사 건축론」(1893년)에서 전통적인 일본 건축의 미를 밝혀내었다. 다음에 기술하듯이 이러한 서양적·근대적인 심미안에 의한 나라지역을 향한 시선은 다음 세대로 이어진다.

페롯서 등이 나라에서 발견한 고대 일본의 미는 우선 불상과 건축이며 처음에는 기악 가면이 주목받지 못했다. 기악 가면과의 특권적인 만남을 갖게 되고 그 후의 가면 예능의 연구에 큰 영향을 끼친 인물이 근대 일본을 대표하는 철학자·문화사가인 와츠지 데츠로이다. 와츠지는 초기의 대표작 『古寺巡禮』(1919년)에서 나라의 고대 불교미술에 대해 극히 문학성 높은 비평을 전개하였다. 이 책은 동시대의 지식층에게 커다란 영향을 미치고, 나라지역을 순례하며 불상을 감상하고 사랑하

オロジー)』, 吉川弘文館, 2003.

4) 이하의 기술은 이노우에 쇼이치(井上章一), 『법륭사에의 정신(法隆寺への精神)』(弘文堂, 1994) 참조.

는 젊은이를 대량으로 낳았다. 바로 이 책에서 와츠지는 기악 가면에 대해서 언급하고 있다. 와츠지는 고대 기악 예능의 형태를 상상하며 그리스에서부터 인도를 거쳐 동아시아에 이르는 기악 전래의 장대한 가설을 서술하고, 세상에 기악 가면의 존재를 알렸던 것이다.[5] 또 와츠지는 이 책에서 기악 가면과 비교해서 후세의 무악 가면이나 노 가면을「비교할 수 없을 만큼 한심하다」라고 비판했는데, 이러한 비판은 다시 이것에 대한 반론으로서 노 가면의 미를 밝히려고 하는 노가미 토요이치로(野上豊一郎)의 연구의 계기가 되었다.

와츠지나 노가미의 가면을 둘러싼 의론이 당시 일본의 지식 계층의 중심적 위치에 있었던 이와나미(岩波) 출판사의『思想』이라는 잡지상에서 일어나고 있었다는 점 때문에도 세상 사람들은 가면의 문제가 문화적 중요성을 갖는 주제라고 생각하게 되었다. 이러한 가면을 둘러싼 의론은 20세기의 일본의 인문학에 풍족한 결실을 가져온다. 본래는 영문학의 전문가 인 노가미는 이 노 가면 연구를 계기로 노가쿠(能楽) 연구에 몰두하여 쇼와(昭和) 이후의 노가쿠 연구 전체의 기틀을 만들게 된다. 와츠지는 훗날 가면을 둘러싼 철학적 고찰을「가면과 페르소나」(1935년)라는 유명한 에세이로 정리하여 가면의 분석을 통해 인간의 인격 구조를 밝혔다. 이러한 와츠지의 철학적 가면론은 현대일본을 대표하는 철학자의 한사람인 사카베 메구미(坂部恵)에 의해 프랑스에 있어서의 현상학과 구조주의의 성과와 접목되어 독특한 가면 철학을 낳았다.[6] 이처럼 가면에 관

5) 와츠지 이전에 요시다 토고(吉田東伍)나 츠다 사유기치(津田左右吉)가 기악에 대한 연구를 하고 있으며 와츠지에게도 영향을 끼쳤다. 그러나 기악의 존재를 널리 세상에 알렸다는 점은 와츠지의 공적임에 틀림없다.

련된 다양한 학문적 영위가 와츠지의 기악 가면과의 만남을 계기로 하여 탄생하였던 것이다.

한편 와츠지 이후에 기악 가면을 둘러싼 여러 가지 실증적 연구나 미학적 해석이 이루어져 와츠지의 기악 가면 해석 자체는 과거의 것이 되어버린 것처럼 보인다. 그러나 와츠지 이후의 기악 가면 해석, 또는 기악 이외의 가면 해석은 의식하던 하지 않던 상관없이 와츠지의 해석의 틀에 규정되어 있다. 그것은 어떤 이유에서 인가.

4. 미적 해석과 역사해석

『고사순례(古寺巡禮)』의 기술에 의하면 와츠지가 기악 가면의 미를 느낀 것은 "H의 집에서 텐표(天平) 기악 가면 중 걸작의 하나를 친히 손에 들고 감상했던"[7] 때이다. 이 때 H씨가 가면을 자신의 얼굴에 씌어 보이자, 와츠지는 전혀 예기치 못했던 얼굴의 표정이 자유롭게 움직이기 시작했던 것 같은 강한 인상에 압도 되었다. 거기서 와츠지는 이 "보통 사람의 얼굴의 네 배는 있는 듯한", "일본의 이상한 기운을 느끼게 하는 표정은 과장된 가면"[8]의 본질을 처음으로 느끼게 했다고 적고 있다.

---

6) 사카베 메구미(坂部惠), 『가면의 해석학(仮面の解釋學)』(東京大學出版會, 1976)과 『페르소나의 시학(ペルソナの詩學)』(岩波書店, 1989) 참조.
7) 와츠지 데츠로(和辻哲郎), 『古寺巡禮』(和辻哲郎全集 제2권), 岩波書店, 1961, 60쪽.
8) 위의 책, 59~61쪽.

그 가면을 인체와 연결 지어 상상하는 것은 이 경이의 순간까지는 나에게는 불가능한 일이었다. 그러나 이 가면이 가면으로서 있어야 할 곳에 놓이고 보니 어이없을 만큼의 큰 크기는 조금도 과장되게 커 보이지 않는다. 오히려 그 크기로 인해 사람이 가면을 쓴 것이 아니고 예술적으로 만들어진 하나의 얼굴이 인체를 획득했다고 말해도 좋을 것 같은, 근대인의 상상에서 벗어난 흥미로운 인상이 만들어지는 것이다. 여기서 처음으로 나는 가면을 왜 크게 만들었는지 이해했다. 그래서 그리스극의 가면도 같은 크기였다는 것을 기억해 내고 이 종류의 가면의 효용과 크기와의 사이에 필연적인 관계가 있음을 깨닫게 된 것이다.

(その仮面を人体と結びつけて想像することは、この驚異の瞬間まではわたくしには不可能であった。しかしさてこの仮面が、仮面としてそのあるべき所に置かれてみると、そのばかばかしい大きさは少しも大き過ぎはしない。むしろその大きさのゆえに人が仮面をつけたのではなくして、芸術的に造られた一つの顔が人体を獲得した、と言っていいような、近代人の想像をはずれた、おもしろい印象が作りだされるのである。ここではじめてわたくしは仮面を何ゆえに大きくしたかを了解した。そうして、ギリシャ劇の仮面も同じくらいな大きさであったことを思い出し、この種の仮面の効用と大きさとの間に必然の關係のあることに思い到ったのである。)[9]

여기서 파악한 기악 가면의 본질적인 요소가 두 가지 있다. 하나는 「인간이 주체로서 가면을 사용하는 것이 아니라 가면이 주체가 되어 그에 적합한 신체로서 인간을 이용 한다」는 점에서 이는 후년의 「가면과 페르소나」와 같은 철학적인 고찰로 계승되어 간다. 또 하나는 「그리스」라는 요소이다. 실제 그리스의 영향에 의해 고대 일본의 불교미술을 설명하려고 하는

9) 위의 책, 61쪽.

자세는『고사순례(古寺巡禮)』의 전체에 흐르고 있어 기악 가면도 그러한 자세에 의해 해석되고 있다. 실제로 와츠지는 이보다 시간이 흐른 뒤, 기악을 서역(西域)의 악(樂)이라고 하면서 다음과 같이 이야기 한다.

> 서역의 기악은 서역의 예술이 모두 그렇듯이 인도나 그리스의 영향에 의해 생긴 것으로서 가면과 같은 예도 인도를 통해 그리스의 전통을 받은 것으로 볼 수 있을 것이다. 가면을 그리스와 연결시키는 것을 우습게 여기는 사람도 있지만, 그리스 극이 북인도나 중앙아시아에 들어간 것은 後說에서 설명하듯이 매우 있을 법한 일인 것이다.
> (西域の伎樂は、西域の芸術がすべてそうであるように、インドやギリシアの影響からできたもので、仮面のごときもインドを通じてギリシアの伝統をうけたものとみられぬことはなかろう。仮面とさえいえばギリシアへ持っていくのを笑う人もあるが、ギリシア劇が北インドや中央アジアにはいったことは、後説に説くように、きわめてありそうなことなのである。)[10]

이처럼 그리스로부터 대륙을 건너 전해온 문물의 집적으로서 고대 일본 문화를 받아들이는 견해는, 실은 와츠지 이전에 나라의 불교미술을 발견한 페롯서, 오카쿠라, 이토의 것이었다.[11] 와츠지는『고사순례(古寺巡禮)』 집필의 계기가 된 나라 지방 여행 보다 이전인 학생시절에 오카쿠라의「동양교예사(東洋巧藝史)」수업을 청강하였는데, 후에 그 경험을 학생시절에 가장 감명을 받았던 강의라고 하면서 자신의 예술에 대한

10) 위의 책, 69쪽.
11) 이노우에 쇼이치(井上章一),『법륭사에의 정신(法隆寺への精神)』(弘文堂, 1994) 참조.

사랑을 선동했다고 이야기하고 있다.[12)] 이러한 직접적인 영향하에 오카쿠 등이 의거한 헬레니즘 「동점술(東漸說)」(알렉산드로스의 동방정벌에 의해 형성된 동방과 그리스문화의 융합문화가 간다라 불교미술을 거쳐 일본까지 영향을 끼쳤다고 하는 설)을 와츠지도 채용한 것이다.

헬리니즘 「동점(東漸)」을 전제로 한 해석은 대상의 조형 속에서 반드시 「그리스적 요소」를 발견한다. 그 때 대상의 조형미에 대한 미적 해석과 그 대상의 역사적·지리적인 루트의 해석이 순환적으로 서로를 지지한다. 와츠지의 기악 가면의 발견에 대하여 말하자면 우연히 기악 가면과 그리스 가면의 크기가 같았다는 것을 발견하고, 기악 가면의 매력이란 가면이 인격을 획득함으로써 얻는 생동하는 경이로움에 있음을, 그리고 그것이 그리스 가면극에 있어서도 공통된 매력임을 시사한다. 이 직관을 출발점으로 기악의 루트를 찾으려 할 때, 기악의 루트로서 인정되는 「서역의 기악」은 「서역의 예술이 모두 그렇듯이 인도나 그리스의 영향에 의해 만들어 진 것」이다. 기악의 역사적·지리적인 루트가 이렇게 하여 인도나 그리스임이 판명되었으므로 당초 기악과 그리스를 연결 지었던 직관도 타당한 것이 된다. 이처럼 미적 해석이 역사적 해석을 도출하고, 역사적 해석이 미적 해석의 정당성을 보증한다고 하는 사태가 발생하고 있다. 실제로 그리스 기원설의 대부분은 일본에 이르기까지의 과정을 무시한, 매우 안일한 것으로서 영향관계를 명확하게 따질 수 있는 것은 거의 없었다. 와츠지의 기악

---

12) 와츠지 데츠로(和辻哲郎), 「오카쿠라 선생님의 추억(岡倉先生の思いで)」, 『가면과 페르소나(面とペルソナ)』(和辻哲郎全集 第17卷), 岩波書店, 1958, 352~354쪽 참조.

가면 해석도 매력적인 이야기라는 수준에 지나지 않는 것이다.

메이지 중기에 오카쿠라 등이 나라 지역에 투영한 「그리스」가 단순히 「뛰어난 서양」과 일본을 직결하는 인식론적인 루트였음에 비해, 와츠지에게 있어서의 「그리스」에는 보다 긍정적인 측면이 있다. 그것은 일본문화가 세계문화의 약동적인 이동과 혼합에 의해 형성되었다는 사실의 상징이며, 한 구의 불상(佛像) 혹은 하나의 기악 가면과의 만남을 통해 그의 상상력이 자유롭게 유라시아의 대지를 나를 수 있도록 하는 개념 장치였다. 이러한 문화해석의 자세는 중요한 일본문화는 모두 일본열도에서 발생하였다고 하는 편협한 순수주의 문화관을 중화하는 역할을 하였다. 와츠지가 이러한 형태로 기악을 알린 것은 예를 들어 교겐(狂言) 연기자인 故 노무라 만노죠(野村万之丞)씨와 같은 스스로 예능의 루트를 대륙에서 찾기 위하여 아시아 각지의 예능과 교류하며 기악의 복원에 힘쓰는 흥미 깊은 시도로 까지 이어진다고 생각된다.

한편, 와츠지의 기악 가면에 대한 미적 해석=역사해석의 방법은 단순한 그리스 영향 설이 성립하지 않게 된 후로도 기악 가면과 기악의 역사에 대한 해석을 계속해서 규정짓고 있다. 예를 들면, 기악 가면과 유사한 조형을 가진 가면을 만났을 때 거기에 역사적 관련을 상정해야만 하고, 상정한 이상은 그 유사성이 점점 설득적이라 생각하게 된다고 하는 사태를 떠올리면 좋을 것이다. 이야말로 와츠지가 기악 가면과 그리스 가면과를 연결 지었을 때 일어났던 일이다. 물론 우리들은 가면의 비교를 생산적인 방법으로서 풀어야만 한다. 그러나 조형적인 유사성으로부터 역사적인 관련을 안일하게 상정하는 작업에는 주의하여야만 한다는 것을 와츠지에 의한 기악 가면의 발견 사례에서 알 수 있다.

구조인류학의 선조인 크로드 레비스트로스는 『가면의 길』에서 「하나의 집단에서 다른 집단으로, 조형적인 형태가 보유될 때에는 의미상의 기능은 역전한다. 반대로 의미상의 기능이 보유될 때에는 조형적인 형태가 역전한다」라고 설명하고 있다.[13] 이 유명한 명제는 배후에 있는 구조주의 방법에 대한 타당성을 포함하여 모든 가면의 사례에 적응 시킬 수 있는 것은 아니다. 그러나 적어도 이 명제는 가면에 있어서 「조형적인 형태」를 단순하게 취급할 수는 없다고 하는 사실을 가르쳐 준다. 그것은 가면을 사용한 「의례의 의미」의 유사성에 대해서도 마찬가지다. 이러한 입장에 서면, 처음에 제시한 기악 역사에 관한 몇 가지 기초적인 문제에 대하여 다른 식의 해결 방법을 찾을 수도 있을 것이다. 예를 들면 와츠지와 노가미에 의해 전혀 대비적인 조형 원리라고 규정된 기악 가면과 초기의 노 가면과의 사이에 의미상의 기능에 있어서의 유사성을 발견하고, 나아가 기악과 노의 역사적인 관련을 찾는 길이 열릴 가능성도 있다. 본고에서는 이러한 방법론상의 가능성을 시사하는 것으로 논을 마치고자 한다.

---

13) 크로드 레비스트로스;야마구치 마사오(山口昌男)・와타나베 모리아키(渡邊守明章) 역, 『가면의 길(仮面の道)』, 新潮社, 1977.

| Chapter 4 |

노멘(能面)의 탄생

김 현욱

1. 머리말

일본의 전통 극 노(能)는 인간의 정념이 극도로 억압된 끝에 표출되는 무대예술이다. 그 상징으로서 사용되는 노멘(能面) 즉, 노 가면은 노의 미의 세계를 대표하는 요소 중의 하나이다. 가면을 쓰는 행위가 인간의 '변신'과 깊은 관계가 있듯이 노멘 또한 변신을 뜻하지만, 그것은 표면적인 변화만을 의미하는 것은 아니다. 노가 시작되기 전에 무대 뒤에서는 복장을 갖추어 입은 연기자가 '가가미노마(鏡の間)'[1]라는 공간에 설치되어 있는 거울을 향해 앉아 '고켄(後見)'의 도움으로 노멘을 착용한다. 연기자는 노멘을 착용하기 직전에 노멘을 응시하며 가벼운 목례로 예를 표하는데 마치 의례와도 같은 엄숙한 시간이며, 연기자가 등장인물로 화하는 순간이다. 근현대를 대표하는 노 연기자 간제 히사오(観世壽夫)는 "노에 있어서 가면이

1) 노(能) 무대 뒤의 공간 중에서 하시가카리(橋掛り, 무대와 분장실을 연결한 다리)의 막 바로 안쪽. 거울과 의자가 놓여 있어 연기자가 가면을 쓰고 정신을 집중시키는 공간.

라고 하는 것은 표면상 무엇인가로 변신하기 위한 도구 이상의 깊은 의미를 지닌다"고 하며, "연기자는 가면 뒤의 어둠 속으로 모습을 감추고 있기 때문에 연기자와 관객이라고 하는 대립자이며 협력자이며 비판자이기도 한 복잡한 관계를 솔직 담백하게 풀어낼 수 있는 것이다"라고 설명한다. 이러한 노멘을 연기자들이 '가면'이라 칭하지 않고 얼굴을 뜻하는 '오모테(面)' 라고 일컫는 것은 그들이 노멘을 소중히 생각하고 있다는 것을 나타내며, 가면이 연기자와 관객과의 소통을 위한 '현관(玄關)'의 역할을 수행하고 있음을 알 수 있다.

노멘은 '오키나멘(翁面)', '죠멘(尉面)' '오니멘(鬼面)' '온나노노멘(女面)' '오토코노멘(男の面)' 등으로 분류된다. 이 중에서도 '온나노멘'이라 불리는, 여인의 얼굴을 표상한 노멘은 독특한 매력을 지니고 있으며 특히 예술성이 뛰어난 온나노멘은 작품 속의 연기자가 관객의 마음을 사로잡는 데 기여한다. 보통 노멘이라고 하면 대부분의 사람들이 이 온나노멘을 떠올릴 만큼 노의 세계에 있어 대표되는 가면이다. 노는 남성만이 무대에 오르게 되는데 남성 연기자들에게 있어서 '온나(女)'라고 하는 여인의 '性'으로의 변신은 매우 매력적인 테마였으리라 생각된다. 하지만 노의 세계에 처음부터 온나노멘이 등장했었던 것은 아니다. 노의 성립기에는 오키나멘과 오니멘이 있었으며, 노가 스토리를 지닌 드라마로 만들어지는 과정에서 다양한 역할을 연기하기 위한 온나노멘, 오토코노멘 등이 발생한 것으로 보인다. 이 중 온나노멘은 종류도 다양하고 풍부하지만, 노의 역사에 있어서 온나노멘의 탄생에 대해서 구체적으로 논급한 연구는 많지 않다. 본고에서는 노멘의 종류와 탄생에 대해서 고찰하면서 그 대표적인 온나노멘의 탄생에 관하여 살펴 노멘의 역사를 명확히 하고자 한다.

2. 노멘(能面)의 탄생 이전

일본에 노멘(能面)이 등장하기 이전에는 기악(伎樂)[2] 가면과 무악(舞樂) 가면 등이 있었다. 대륙으로부터 일본으로 전래된 기악 가면의 일부가 나라(奈良)의 정창원(正倉院)에 보관되어 현재까지 전해지고 있다. 기악은 612년 고대 한국의 미마지(味摩之)에 의해 전래 되었다는 기록이 남아있으며, 불교문화로서 받아들여져 의례로서 연희되고 있었다. 하지만, 기악은 비교적 이른 시기에 단절된 것으로 보이며 그 구체적인 내용은 가마쿠라 시대(鎌倉時代, 794~1333) 초기에 성립한 『교훈초(教訓抄)』[3] 라는 문헌에 남아 있는 정도이다. 이 기록을 중심으로 기악의 내용을 살펴보면 기악은 행렬을 이루어 진행되었으며, 시시(師子), 고고(呉公), 가루라(迦樓羅), 곤고(金剛), 바라몬(婆羅門), 곤론(崑崙), 리키시(力士), 다이코(太孤), 스이코(醉胡)의 아홉 종류가 있다. 현재 일본에 남아 있는 텐표 시대(天平時代, 710~794)의 기악 가면도 이 아홉 종류라 한다. 이 밖에 행렬의 선두에 서는 치도(治道), 거기에 시시고(師子子)・고죠(呉女)・

2) 기악과 무악에 관한 설명은 나카무라 야스오(中村保雄)의 『仮面と信仰』(新潮選書,1993)에 의함.

3) 『教訓抄』는 기악이 성행했던 시대로부터 500여년의 시간이 흐른 뒤의 기록이기 때문에 당시의 기악의 내용에 대한 정확성을 기대하기에는 무리한 점도 있다.

다이코지(太孤兒)를 더해 한 세트로 보존되는 경우가 많다. 이들 중 시시(師子) · 곤고(金剛) · 가루라(迦樓羅) · 곤론(崑崙) · 리키시(力士)와 그 외의 고고(吳公) · 고죠(吳女) · 바라몬(婆羅門) · 다이코(太孤) · 스이코(醉胡) · 와는 양식적으로 보아도 꽤 이질적이다. 전자는 초인간적인 존재이며 그와 대조적으로 후자는 인간적인 존재라 말 할 수 있기 때문이다.

전자의 그룹에 속한 곤고(金剛) · 리키시(力士)는 불신(佛身) 그 자체이고, 시시(師子)는 상서로운 짐승이다. 또 가루라(迦樓羅)도 영적인 새이므로 초자연적 혹은 신(神)적인 존재라 할 수 있다. 곤론(崑崙)은 예능의 형태에서 보면 결코 신이라고는 할 수 없지만, 그 모습을 단지 인간이라고도 할 수 없으며 영산(靈山)에 살고 있으므로 초자연적인 존재라 생각할 수 있다. 후자의 그룹에서는 시시고(師子子) · 다이코지(太孤兒)가 동자의 현상을, 그리고 바라몬(婆羅門)이 노인의 형상을 하고 있다. 또 고고(吳公) · 고죠(吳女) 및 스이코(醉胡)는 일반인보다는 고귀한 신분을 나타내지만 모두 인간에 가까운 특징을 갖는다고 할 수 있는 것이다.

한편, 기악의 전래가 있은 후 얼마 지나지 않은 시기에 무악(舞樂) · 아악(雅樂)이 전래되었다. 이것은 현재도 궁중 아악부 등에 의해 종종 연희되고 있는데, 역시 가면을 착용하고 있다. 기악 가면 만큼 크지는 않지만, 대체적으로 얼굴 전체를 덮을 정도이다. 표정도 인간의 얼굴을 크게 과장한 형식의 가면들이다. 무악은 원래 중국 뿐 아니라 남방(南方) · 서방(西方), 혹은 고대 한국의 악무(樂舞)였으며, 도가쿠(唐樂) · 린유가쿠(林邑樂) · 도라가쿠(度羅樂) · 고마가쿠(高麗樂) · 시라기가쿠(新羅

樂)·구다라가쿠(百濟樂) 등이 포함되어 있는 것으로 보아 다양한 종류의 악무가 혼재해 있었음을 시사한다. 무악은 이른 시기에 단절된 기악과는 달리 현재도 연희되고 있으므로 그 예능의 형태를 비교적 잘 알 수 있다. 또한 이미 고대 중국과 한국에 있어서 정비된 단계에서 일본에 전래 되었으므로 상당히 승화된 부분도 있다. 현재 무악 가면으로 확인되는 것은 20종류이다. 료오(陸王)·나소리(納曾利)·바토(抜頭)·겐죠라쿠(還城樂)·곤론핫센(崑崙八仙)과 같은 초자연적 존재를 형상화 한 가면들이 있으며, 그 한편 산쥬(散手)·기도쿠(貴德)·니노마이(二ノ舞)·사이소로(採桑老)·곤쥬(胡飲酒)·다이쇼도쿠(退宿德)·고닌테이(皇仁庭)·지큐(地久)·신도리소(新鳥蘇)·아야기리(綾切)·고토쿠라쿠(胡德樂)라고 불리는 가면들은 인간적인 존재를 나타내는 가면들이다. 특히 무악의 경우는 이러한 가면의 명칭이 그대로 곡명(악무의 명칭)과 일치하여 쓰이는 경우가 많다. 이러한 무악과 기악 가면의 큰 차이를 말하자면 무악 가면은 인간의 얼굴 크기에 가깝고 안면만을 덮도록 되어 있지만, 기악 가면은 후두 부분까지 만들어져 있다는 점이다.

노멘 중에도 오니멘(鬼面) 즉, 순간적인 표정을 조각했다고 할 수 있는 종류의 가면이나, 아쿠죠(惡尉)라 칭하는 스케일이 큰 노인 신 등에 사용되는 가면 중에는 기악 가면이나 무악 가면의 영향을 받았다고 말할 수 있는 작품들이 있다. 하나코부아쿠죠(鼻瘤惡尉) 등은 일본인의 얼굴이라기보다는 서남아시아인의 골격을 하고 있는 것이다.[4] 가면은 물론 예능의 내용

4) 간제 히사오(觀世壽夫), 「노멘-그 내면의 드라마(能面その內なるドラマ)」, 『別冊太陽 能』, 平凡社, 1978.

면에서도 노가 기악·무악의 세계와 무관하지 만은 않다. 특히, 무악 악무 중 사이소로(採桑老)는 노의 원류라 할 수 있는 오키나사루가쿠(翁猿樂)[5]와 유사점이 있다. 오키나사루가쿠는 노인 신이 등장하여 천하태평을 기원하는 주술적인 예능인데, 이 때 사용되던 노인 가면인 오키나멘(翁面)의 발생과 오키나사루가쿠가 어떠한 과정을 거쳐 성립하였는지에 대해서는 아직 해명되지 않은 점이 많다. 오키나사루가쿠가 주술적인 예능이라는 점과 오키나멘(翁面)이 고대의 일본에 전해지던 가면들과는 달리 턱이 분리된 '기리아고(切顎)'라는 점, 웃는 모습의 굵은 주름을 가졌다는 점에서 무악과 기악 가면의 계통과는 다른 것으로 보아 왔다. 하지만, 무악 악무 중의 사이소로가 오키나사루가쿠와 같이 노체의 퍼포먼스라는 점에 주목할 필요가 있는 것은 아닐까. 더욱이 사이소로의 경우는 가면의 형식이 턱이 분리된 기리아고를 하고 있기 때문에 오키나사루가쿠의 성립에 영향을 끼친 선행예능 중의 하나일 가능성을 배제할 수 없을 것이다.

3. 노멘(能面)의 탄생-오키나멘(翁面)과 오니멘(鬼面)

13세기, 해학적인 대사극을 중심으로 연희 해 오던 사루가쿠(猿樂)[6] 집단이 오키나사루가쿠(翁猿樂)의 연희집단으로 거듭

5) '오키나(翁)', '시키삼방(式三番)' 등으로 칭하는 경우도 있음.
6) 현재의 노(能)의 모체가 되었던 예능의 일종. 또는 그것을 연기하는 사람.

나는 과정에서 가면을 손에 넣게 된다. 오키나사루가쿠는 노인 신을 표상하는 오키나멘(翁面)을 신체(神體)로 여기고 예능의 신으로서 받든다. 가면을 착용하는 다른 예능들과는 달리 등장인물이 무대 위에서 가면을 쓰는 퍼포먼스를 보이는데, 이 순간부터 신격화되어 주술적인 힘을 지니게 된다고 믿었다. 사루가쿠 집단이 어떤 경로를 거쳐 오키나멘을 자신들의 예능에서 사용 하게 되었는지에 대해서는 알려진 바가 거의 없다. 단지 사루가쿠 집단이 가면을 이용한 극을 성립시키는데 있어서는 슈쇼에(修正會) · 슈니에(修二會)[7]라는 사찰의 추나의례(追儺儀禮)와 깊은 관련이 있음을 추정할 수 있다. 국가적인 종교 · 주술적인 의례인 슈쇼에와 슈니에에 있어서 사루가쿠가 맡았던 역할은 법회의 주술적인 부분을 관장하는 슈시(呪師)의 기능을 보강하는 일이었다. 사루가쿠의 전신인 슈시사루가쿠(呪師猿

7) 먼저 슈쇼에(修正會)란 매년 정초에 천하태평과 풍년, 만민의 안녕 등을 기원하는 법회이다. 759년 이전부터 행해지고 있었으며 헤이안 시대(平安時代, 794~1192) 이후 도지(東寺)·사이지(西寺)·호죠지(法成寺)·로쿠쇼지(六勝寺) 등의 사찰에서는 슈쇼에 의례가 성대하게 열렸다. 의례 내용은 각 사찰에 속해 주술적인 부분을 관장하는 '슈시(呪師)'라 불리는 승려가 화려한 의상을 입고 등장하여 주문을 외우거나 손가락을 이용해 종교적 이념을 상징적으로 표현하는 비밀스러운 퍼포먼스를 보인다. 슈쇼에 의례의 절정은 주술적인 공간에서 북과 방울 등을 울리면서 슈시가 민첩하게 원을 그리며 도는 원무(圓舞)라 할 수 있다. 한편 슈니에(修二會)는 음력 2월 1일부터 14일 사이에 행해지며 부처에게 공양을 드리는 의례이다. 현재까지 전해지고 있는 슈니에 중에서도 가장 성대하게 행해지는 도다이지(東代寺)의 미즈도리(水取) 의례는 13일 미명에 슈시가 밝은 빛을 받으며 조용히 본당의 남쪽 계단을 내려간 뒤 신관(神官)과 함께 우물에서 맑은 물을 길어 이월당(二月堂)에 모셔진 부처님께 바친다.

樂)집단은 승려가 담당하던 슈시의 종교·주술적인 행위를 퍼포먼스 화하여 슈시와 일체가 되어 주술의 완성도를 높였다고 할 수 있다. 특히 슈시사루가쿠는 슈쇼에·슈니에에 있어서 법회를 마감하는 중요한 행사인 '추나의례(追儺儀禮)'로서 중요한 역할을 담당하였다. '나(儺)'는 인간의 삶을 위협하는 병, 화재, 천재지병 등이 귀신·도깨비·악령 등의 개념인 '오니(鬼)'에 의한 탈이라 여겨 그러한 부정을 쫓고 풍요와 생활의 안녕을 기원하는 의식이다. 추나의례에서는 죄나 부정과 같은 불길한 것을 악귀(惡鬼)로 형상화하여 등장시키고 이것을 무섭고 두려운 모습이기는 하지만 선의를 지닌 '오니'가 쫓아내는 퍼포먼스를 보인다. 이 부분에서 사루가쿠 집단에 속한 예능인들이 가면을 쓰고 선악의 두 '오니'역, 즉 쫓고 쫓기는 역할의 '오니'를 연기하였다. 본래 추나의례에 있어서 마(魔)를 쫓기 위한 행법·주법을 담당하던 슈시가 맡았던 류텐(龍天)·비사몬(毘沙門)·오니(鬼)역할을 언제부터인지 확실하지는 않지만 슈시사루가쿠 집단이 대신 연기하게 된 것이다. 훗날 노라고 불리게 되는 예능의 원형은 바로 이 슈시사루가쿠가 슈쇼에·수니에와 같은 종교·주술적인 의례에서 활약했던 경험을 통해 탄생하였다. 다시 말해 사루가쿠 집단은 오랜 시간동안 중요한 국가적 종교행사에 깊게 관여하며 습득한 주술적인 퍼포먼스를 '오키나사루가쿠'라는 예능으로 응축시켜 성립시켰으며 이 오키나사루가쿠를 근본예능으로 하여 노를 성립시킨 것이다.

이처럼 사루가쿠집단은 추나의례와 같은 주술공간에서의 활약을 통해, 가면을 이용하는 주술적인 예능집단으로써 역사 속에 재등장한 것으로 풀이할 수 있다.

이렇게 볼 때 사루가쿠 집단이 가장 먼저 손에 넣은 가면은 오니멘(鬼面)이었을 가능성이 크다. 『사루가쿠담기(申樂談儀)』는 제아미(世阿弥)가 노 '우카이(鵜飼)'의 후장(後場)에 등장하는 오니(鬼)를 '고베시미(小癋見)' 가면을 쓰고 연기했다고 적고 있는데 '베시미(癋見)' 가면은 사루가쿠 집단의 전신이라고도 할 수 있는 슈시사루가쿠(呪師猿樂)가 추나의례에서 악마를 쫓는 오니 역을 할 때 사용했던 가면에서 진화한 것이다.[8] 슈시사루가쿠 집단이 승려인 슈시들을 대신하여 연기하였던 류텐・비사몬텐 등 추나의례에서의 오니멘이 사루가쿠의 '도비데(飛出)' '베시미(癋見)' 등의 오니멘으로 전화(轉化)해 왔음에 대하여 나카무라 야스오(中村保雄)는 다음과 같이 설명한다. 즉, 추나의례에서 류텐과 비사몬텐은 악귀를 물리치는 역할을 하는데 이러한 환경 속에서 성장한 사루가쿠집단에 의해 이 한 쌍의 오니멘이 일본의 풍토에 맞게, 하나는 입을 벌린 도비데(飛出)의 가면으로 나머지 하나가 입을 굳게 다물고 있는 베시미(癋見)의 가면으로 창작되었다. 현재 도비데와 베시미가 악마 퇴치를 줄거리로 한 축원성 강한 노 작품에 사용되고 있는 것도 추나의례의 류텐・비사몬텐의 정신이 이어져 내려오고 있기 때문이라 생각된다는 것이다. 여기에 덧붙여 나카무라 씨는 일본 중세예능의 독특한 오니멘의 창작은 가마쿠라 시대(鎌倉時代, 1192~1333)라고 지적하고 있다.[9] 『야마시로다카 신사 문서(山城高神社文書)』에 의하면 가마쿠라 시대 중기 1271년, 사루가쿠는 이미 추나의례를 국가적인 행사와는 관계없이

8) 마츠오카 심페이(松岡心平), 『연희의 신체(宴の身体)』, 岩波書店, 1991.
9) 나카무라 야스오(中村保雄), 「能面以前」, 『歷史公論』(10월호), 1978.

사원 밖에서 연희하고 있으며, 신사(神社) 조영수리 시 신체(神體)를 옮기는 의식에 있어서 오니멘을 쓰고 악마를 쫓으며 진혼을 위한 주법을 외는 '호가타메(方堅)'를 행하고 있었다. 이 단계에서 사루가쿠 집단은 가마쿠라 시대 말기에는 베시미나 도비데의 가면을 사용하는 오니 노(鬼能)를 연희하고 있었을 것이다.

사루가쿠 집단의 예능인들은 이 오니멘에 대해서 오키나사루가쿠에 등장하는 오키나멘(翁面)과 양면일체라 믿고 대대로 이 두 종류의 가면을 신성시 하고 있다. 특히 곤파루 류(金春流)의 전신인 엔만이 좌(円満井座)를 통솔하던 곤파루 젠치쿠(金春禪竹, 1405~1470?)는 『메이슈쿠슈(明宿集)』에서 오니멘과 오키나멘이 일체라 설명하고 있다. 곤파루 좌에서는 오니멘을 안치하여 신으로 받들고 있는데 이것이 바로 쇼토쿠(聖德) 태자로부터 전해진 가면이며 오키나멘과 동체라는 것이다. 젠치쿠는 모든 신과 부처·보살을 비롯하여 인간에 이르기까지 온화와 분노의 두 형태를 가지고 있으며 이것은 선악이라는 두 개의 위상도 하나임을 표현하는 형식이기 때문에 인간을 교화하기 위해 분노를 표현할 때는 오니의 모습으로 나타나며, 온화와 자비의 모습을 보일 때에는 장엄한 표정의 신비로운 석가여래의 모습으로 나타난다고 한다. 그러므로 분노와 온화는 일체이며 이 논리에 의해 오니멘과 오키나멘이 동체라고 설명하고 있는 것이다. 이러한 설명을 보면 사루가쿠 집단, 특히 곤파루 류가 오니멘과 오키나멘을 동일시하며 신성시 해왔다는 것을 알 수 있다.

오키나사루가쿠라는 주술성 짙은 예능에 있어서 오키나멘을 쓰고 부정을 쫓으며 천하태평을 기원하는 퍼포먼스는 추나의례에 있어서 악과 부정의 상징인 오니를 쫓는 퍼포먼스와 본질적으로 다르지 않다. 양 퍼포먼스에 등장하는 오키나 신과 비사몬텐은 주술적인 힘을 가지고 악을 쫓는 역할을 한다는 점에서 공통된다고 할 수 있다. 결국 오키나멘은 비사몬텐과 같은 악을 쫓기 위한 오니멘과 위상을 같이 하는 것이라 할 수 있을 것이다. 오키나사루가쿠 성립 이후 노의 세계가 스토리를 가진 다양한 극으로 전개되어 가기 시작할 때 가장 먼저 성립한 것이 도깨비·귀신·망령이 주인공으로 등장하는 오니노(鬼能)라는 사실 또한 사루가쿠 집단이 가장 먼저 손에 넣은 것이 오키나멘과 일체라 일컬어져 온 오니멘 이었음을 방증하는 예라 하겠다.

4. 오키나멘(翁面)과 오니멘(鬼面) 성립 이후

노(能)의 대표적인 이론서『사루가쿠담기(申樂談儀)』에는 노멘의 역사를 아는데 있어서 가장 신뢰할 만한 기록이 보인다.[10] 이 기록에 보이는 노멘의 명칭은 '오키나(翁)' '도비데(飛

10) 一、面の事。翁は日光打。弥勒、打ち手なり。この座の翁は弥勒打なり。伊賀小波多にて、座を建て初められし時、伊賀にて尋ね出だし奉つし面なり。近江には、赤鶴(申樂なり)、鬼の面の上手なり。近ごろ、愛智打とて、坐禪院の內の者なり。女の面、上手なり。越前には、石王兵衛、その後龍右衛門、その後夜叉、その後文藏、その後小牛、その後德若なり。石王兵衛、龍右衛門までは、たれも着るに存細なし。夜叉より後のは、着手をきらふなり。金剛權守が着し、文藏打の本打なり。この座に、年寄りたるぜう、龍右衛門。戀重荷の面とて名譽せし

出)' '베시미(癋見)' '텐진(天神)' '죠(尉)' '오토코(男)' '온나(女)'이다.『사루가쿠담기(申樂談儀)』가 성립한 1430년에 이미 이와 같은 명칭이 사용되고 있었다는 것은 이들 가면들이 이보다 앞선 시기에 창작되어 있었음을 시사한다. 우선 오키나멘(翁面), 가면에 있어서의 변신을 가장 상징적으로 나타내 주는 것이 노의 근본 예능이라 일컬어지는 '오키나'라는 퍼포먼스이다. '오키나'라는 곡은 무대 위에서 오키나멘을 착용하는 순간을 관객에게 보여주고 이 연출을 통해 가면을 씀으로써 신으로 화한다고 하는 이 곡의 주안점을 잘 드러내고 있다. 이 곡에 쓰이는 오키나멘은 노멘 중에서도 가장 깊은 역사를 가지고 있으며 특별히 신격화 되어 노 연기자 집안 대대로 소중하게 계승되고 있다. 다음으로 오니멘(鬼面)도 오키나멘과 같이 노 역사의 초기부터 사용되어 왔다. 노에 사용되는 오니멘는

笑尉は、夜叉が作なり。老松の後などに着るは、小牛なり。愛知の打ち手、面ども打ちて、近江申樂に遺物しけるが、大和名人とて世子の方へ、岩童して送りし遺物の面、今、宝生大夫の方にある女面・顔細きぜうの面、これなり。時々源三位に、彩色きて着られしなり。男面、近頃よき面と沙汰ありし、千種打なり。若男面は龍上衛門なり。出合の飛出、この座の天神の面・大癋見・小癋見・皆赤鶴なり。大癋見をば、他國よりは大和癋見といふ。この面なり。大癋見・天神の面、もつぱら觀阿よりの重代の面なり。飛出は、菅丞相の、石榴くわつと吐き給へるところを打つ。天神の面、天神の能に着しよりの名なり。人の借り召されしを、不思議なる靈夢ありて、返されし面なり。家に納め奉れども、また靈夢ありて、今も着るなり。小癋見は、世子着出だされし面なり。余の者着べきこと、今の世になし。かの面にて、鵜飼をば爲出だされし面なり。異面にては、鵜飼をほろりとせられしなり。面も、位に相応たらんを着べし。この座の、ち年寄りしくある女面、愛智打なり。世子、女能にはこれを着られしなり。

크게 나누어 귀신과 마적인 짐승 등의 역할에 사용되는 도비데(飛出) 종류와 텐구(天拘)[11] 등의 역할에 사용되는 베시미(癋見)의 종류가 있다. 도비데(飛出)는 눈이 튀어나오고 입을 크게 벌리고 있으며, 베시미(癋見)는 입을 굳게 다물고 있는 형상이다. 도비데와 베시미 두 가면의 공통점은 표정이 어느 한 순간의 강렬한 감정을 포착하고 있으며, 거기에는 오니의 초인적인 에너지가 표현되어 있다는 것이다. 『사루가쿠담기(申樂談儀)』의 가면에 관한 기록 중에 베시미에 대해 타지방에서는 '야마토베시미(大和癋見)'라고 부르고 있다는 언급이 있는데, 이는 야마토사루가쿠(大和猿樂)[12]에서는 텐구가 활약하는 노가 비교적 이른 시기부터 창작되었었다는 사실을 말해준다.

사루가쿠가 발전하여 귀족을 주인공으로 한 드라마틱한 노를 창작하기에 이르자 이제까지 신이나 오니를 연기하기 위해 사용했던 가면만으로는 무대를 완성할 수 없게 된다. 이러한 상황 아래 초기의 오키나멘과 오니멘에 이어서는 죠멘(尉面) 계통의 가면이 성립했을 것이다. 『사루가쿠담기(申樂談儀)』에는 노 '고이노오모니(戀重荷)'에 사용되는 가면인 와라이죠(笑尉)가 야사(夜叉)의 작품이라고 적고 있다. 가면의 명칭과 작자의 이름을 확실히 기록하고 있는 것이다. 또 아쿠죠(惡尉)가 초기의 노 작품에 사용되었던 사실 등이 기록 되었던 점 등으로 미루어 제아미 시대에 죠멘의 형식이 성립하였으며 그에

11) 심산에 서식한다고 하는 상상속의 요괴. 얼굴이 붉고 코가 높다고 함.
12) 무로마치 시대(室町時代,1393~1573), 야마토 지방(大和國)에 살면서 가스가 신사(春日神社)의 제의에 종사하던 유자키(結崎)・도비(外山)・엔만이(円満井)・사카도(坂戸)의 사루가쿠(猿樂) 4座. 훗날 각각 간제(觀世)・호쇼(宝生)・곤파루(金春)・곤고(金剛)좌로 불리게 되었다.

따른 명칭을 정하고 있었다는 사실을 확인할 수 있다. '곤파루 미지로 전서(金春弥次郎伝書)'에서는 죠멘의 경우에도 신의 가면과 인간의 가면 두 종류가 필요하다고 역설하며, 그 중에서도 노인의 얼굴을 본 뜬 죠멘이 산적·나무꾼·천한 노인 역 등에 따라 다르다는 것과, 우는 표정의 죠멘과 웃는 죠멘·천박한 죠멘·신으로서의 죠멘의 네 종류가 있음을 전한다. 제아미 시대에 이미 인간적인 표정을 지닌 가면의 발생이 시작되었음을 알 수 있는 것이다.

오키나멘과 오니멘 계통이 가마쿠라 초기부터 고정되어 있었던 것과 비교하면 죠멘(尉面)을 비롯하여 오토코노멘(男の面)과 온나노멘(女の面)은 등장이 늦다. 오토코멘은 신분이나 상황에 따라 그 양상이 다채롭다. 무장(武將)에는 '츄죠(中將)'나 '헤이타(平太)', 미소년에는 '도지(童子)'나 '갓시키(喝食)', 원령 계통에는 '아야카시(怪士)'나 '야세오토코(瘦男)' 등이 있다. '요로보시(弱法師)' '가게키요(景淸)' '세미마로(蟬丸)'와 같은 맹인의 가면이 존재하는 것도 하나의 특징이다. 이들은 각각 노 '요로보시(弱法師)' '가게키요(景淸)' '세미마로(蟬丸)'에 한해 사용되는 전용 가면이며 '요리마사(賴政)' '슌칸(俊寬)' '쇼죠(猩々)' 등을 포함하여 특정 곡에 사용되는 특수가면이 많은 것도 오토코멘의 특징의 하나이다. '츄죠'는 헤이안 초기, 와카(和歌)[13]의 명인(名人) 아리와라 나리히라(在原業平) 역에 사용하게 된 뒤 붙여진 명칭이다. 츄죠는 헤이케(平家) 일족의 역할에 사용하기도 하였다. 이 경우는 전쟁으로 인해 죽은 뒤 슈

13) 한시에 대하여 일본의 정형시를 지칭함. 나라시대에는 야마토우타(倭歌)라 하였다.

라도(修羅道)에 떨어져 지옥의 괴로움을 겪는 내용이 대부분인데, 이 괴로움을 나타내는데 있어서 찌푸린 미간을 표현한 가면의 형식이 역의 성격에 잘 맞는다. 오토코노멘 중에는 찌푸린 미간을 표현하지 않은 일반 남성에 근접한 가면도 등장하게 된다. 예를 들면 가마쿠라의 장수 에가라헤이타다네나가(荏柄平太胤長)의 형상을 조각한 헤이타(平太), 타이라노 아쓰모리(平敦盛)가 전사한 연령에 따라 이름 붙여진 '쥬로쿠(十六)' 등 고유의 명칭으로 불리는 노 가면이 확립되었다.

온나멘은 주로 연령·성격별에 의해 세세하게 분류된다. 젊은 여성의 가면으로는 '고오모테(小面)' '조(增)' '마고지로(孫次郎)' '와카온나(若女)' 등, 중년여성에는 '샤쿠미(曲見)'나 '후카이(深井)', 연령이 더욱 위인 여성에는 '로죠(老女)' '우바(姥)' 등이 있다. 이러한 온나멘의 다양함은 머리카락이나 얼굴표면의 매끈함과 거칠함 등 세부의 차이에 의해 용모의 변화를 나타내고 있다. 온나멘의 대부분은 인간의 희노애락의 표정과는 거리가 먼 애매한 표정으로 만들어져 있다. 하지만 노멘은 결코 무표정한 것이 아니라 '중간표정' '무인칭적인 표정'이라고 불리듯 관객의 상상력을 촉발하기 위한 특유의 표정을 표현한 것이다. 이 노 특유의 표정은 무대 위에서 혼신을 다한 연기자의 연기와 만났을 때 처음으로 어떤 특정한 표정이 되어 관객에게 전달되는 것이다.

온나멘에는 이 밖에도 깊은 정념이나 마력을 느끼게 하는 '데이간(泥眼)' '야세온나(瘦女)'과 같은 원령 계통의 가면과 '한나(般若)' '하시히메(橋姬)' 등의 일종의 오니멘이 있다. 이들은 초기의 오니멘이 갖는 초인간적인 가면과는 달리 질투와 원망, 슬픔 이라는 여성의 내면으로부터 발생한 인간속의 '오니'이다. 인간 내면에 사는 극히 공포의 혹은, 슬픈 감정의 표현을 위해 창작된 가면인 것이다.

그렇다면 이렇게 다양한 노멘을 만든 작자들은 누구일까. 노멘 제작에 관한 역사는 노 작품의 창작연대를 추정하는데 있어서도 중요한 요소이다. 노멘 작자에 대한 기록은 에도 시대(江戶時代, 1601~1867)의 것이 대부분이지만, 중세의 기록 중에도 앞서 언급했던 『사루가쿠담기(申樂談儀)』에는 당시의 뛰어난 노멘 작자에 대한 기록이 남아있다. 이 기록에 따라 13세기 말부터 15세기에 걸쳐 활약한 노멘 작자들을 살펴보면 오니멘 작자로 오우미(近江)지방의 샤쿠즈루(赤鶴), 온나노멘 작자로 에치(愛智)가 있다. 에치젠(越前) 지방에는 이시오뵤에(石王兵衛), 다쓰에몬(龍右衛門), 야사(夜叉), 분조(文藏), 고우시(小牛), 도쿠와카(德若)로, 제아미와 동시대 및 조금 앞선 시기의 가면 작자들이 순서대로 열거되어 있다. 또 오토코멘의 작자로 '치구사(天種)', 와카오토코멘(若男面) 작자로는 다쓰에몬(龍右衛門)이 있다. 이 밖에 조온나(增女)를 창작했다고 일컬어지는 조아미(增阿弥), 야세온나와 가와즈 등 음산한 가면이 주 특기였던 히미(日永) 등이 이시기의 걸출한 작가들이다. 이 중에는 현재까지도 남아있는 가면이 적지 않다.

한편 16세기 이후의 대표적인 작가는 한냐보(般若坊)의 한냐(般若), 가와치(河內), 제칸(是閑), 오미야야마토(大宮大和) 등이 있다. 근현대 노의 거장 간제 히사오에 의하면 에도말기에는 특히 유파(流波) 의식이 강해지면서 가면의 사용법을 지정하기도 했지만, 원래는 연기자가 그 때 그 때의 연출 의도에 따라

가면을 고르는 것이 보통이었다고 한다. 하지만 현대에 들어 다시 에도시대와 같은 풍토가 강해진 것도 사실이다.

5. 온나노멘(女の面)의 탄생

제아미(世阿弥) 시대 이후 다양한 노멘이 창작되는 과정에 있어서 중요한 요인의 하나로 작용한 것은 제아미에 의해 고안된 후쿠시키무겐노(複式夢幻能)[14]라는 새로운 노 연출의 탄생이라 할 수 있다. 무겐노가 보급되어 노 퍼포먼스가 인간의 내면묘사에 초점을 맞춘 극으로 양식화 되면서 다양한 등장인물을 표현하기 위해 가면을 만들어낼 필요성이 높아졌다고 할 수 있다. 이러한 노멘의 역사에 있어서 가장 뒤늦게 탄생한 것으로 보이는 것이 앞서 설명한 온나노멘이다.

제아미가 남긴 노에 관한 언설 중에는 고오모테라든가 조온나 등의 온나노멘의 구체적인 명칭은 보이지 않는다. 『사루가쿠담기(申樂談儀)』에는 온나노멘에 관해 '온나노멘이 에치의 작품이다'라는 표현 까지는 보이지만, 다른 종류의 가면들과 비교해 아직 구체적인 명칭이 등장하지 않는 것으로 보아 제아미 시대의 초기가 온나노멘이 세분화 되어 다양하게 창작되는 단계가 아님을 추측할 수 있다. 즉, 온나노멘의 탄생 그것은 노의 역사에 있어서 가장 큰 사건이라 할 수 있는 무겐노

14) 노를 전장과 후장의 두 부분으로 구분하여, 전장에서는 주인공의 정령이 누군가의 신체를 빌어 나타나고 후장에서 본연의 모습으로 등장하는 형식. 보통 부주인공인 와키 역의 수행승 앞에 나타나 살아생전의 추억과 한 등을 이야기한 뒤 사라진다.

의 완성과 밀접하게 관련되어 있는 것이다.[15)]

간아미에 의해 정취 깊은 감각의 노가 창작될 기반이 완성되고 그것을 계승하여 제아미가 완성한 것이 무겐노이다. 제의적인 성격의 사루가쿠가 당시의 최고 귀족인 무사계급의 후원을 받아 중앙으로 진출하여 노로 발전하면서 예술성을 살린 무대예술로서 피어나지만, 제아미는 더욱 확고한 기반을 세우고자 이야기적인 요소는 물론 가무(歌舞)적인 요소를 중요시하는 새로운 연출의 무겐노를 만들었던 것이다. 현재까지 전해내려오고 있는 명곡 '이즈츠(井筒)'나 '데이카(定家)'와 같은 본격적인 무겐노는 '쿠세'라는 부분에서 한 곡의 골자가 되는 이야기를 들려주는 형식을 취한다. 대부분은 '이구세'라고 해서 주인공인 시테는 움직이지 않고 무대 중앙에 앉아 있고, 코러스에 해당하는 지우타이가 시테를 대신해서 혹은 시테에 관한 이야기를 음률에 맞추어 가창한다. 한편 무용적인 요소로는 '죠노마이(序之舞)'가 있다. 죠노마이는 이야기가 중심인 쿠세부분이 끝난 뒤에 이어지는 관능적인 춤의 세계이다. 이구세도 죠노마이의 시테도 긴 시간동안 거의 움직이지 않고 무대에 있다. 이 연출은 예술적인 가치가 높지만 자칫하면 관객들은 집중력을 잃고 공연물에 대해 지루하게 생각하기 쉬운 시간이기도 하다. 이 때 관객들의 무대에 대한 관심을 지속시키기 위해서는 무엇보다도 가면의 역할이 중요시 되는 것이다.[16)] 뛰어난 가면일수록 가창, 혹은 춤과 함께 무대 위에서 살아난다.

간아미, 제아미, 젠치쿠와 같은 노의 연기자이며 동시에 노

---

15) 간제 히사오(觀世壽夫), 앞의 논문.
16) 간제 히사오(觀世壽夫), 앞의 논문.

를 만든 이들의 창작의욕과 호응하여, 예술성 깊은 무겐노를 위하여 다쓰다에몬, 에치, 조아미 등의 가면 작자들이 탄생시킨 것이 온나노멘이었던 것이다. 이것은 어디까지나 인간의 얼굴이어야 했다. 이제까지의 가면이 신이나 오니로 화하기 위한 것이었지만, 노는 새로운 창작에 의해 인간의 내면을 묘사하는 예능으로 발전하였기 때문이다. 제아미 계통의 작품은 오니가 출현하는 노마저도 인간적이다. 인간의 원망이나 슬픔, 기원 등을 그린다. 그렇기 때문에 노멘은 인간의 얼굴이어야만 한다.

노가미 토요이치로(野上豊一)는 온나노멘에 대하여 '중간표정'이라는 표현을 썼다. 특정한 표정을 지니지 않기 때문에 긴 시간 무대 위에서 버틸 수 있는 것이며, 슬픔이나 기쁨을 표현할 수 있다는 것이다. 이에 대해 간제 히사오는 표정이 없거나 중간표정의 얼굴이라는 표현보다는 표정이라는 것을 초월한 얼굴이라 설명한다. 거기에 덧붙여 노는 인간에 대해 표현하지만 그렇다고 해서 감정을 노골적으로 표출하려 하지는 않는다고 하며, 특히 무겐노에 있어서는 현실적인 표현이 아닌 추상적인 수법에 의해 관객의 상상력을 촉발하려고 한다고 한다. 또한 노의 표현의 주체는 1인칭도 3인칭도 아니며, 특정의 누구라는 것을 부정하는 것이며, 안일한 표현욕을 버리는 것에서 출발한다는 그의 설명은 사카베 메구미(坂辺惠)의 가면에 대한 이론과 일맥상통하는 이야기임을 알 수 있다. 사카베 씨가 그의 저서『가면의 해석(仮面の解釋)』에서 가면이 의미하는 것이 인칭이 없는 즉, 자신도 특정의 타인도 아닌 '원인칭(原人称)'이라고 했던 것은 노의 가면에 대한 간제 히사오의 생각과 공통되는 것이다.

인간 내면의 깊은 곳에 있는 갈등과 증오, 한에 대한 표현에 있어서 '무인칭(無人稱)' 혹은 '원인칭(原人称)'적인 가면을 사용함으로써 감정의 표현을 극도로 절제하며 객관화 시키고, 동시에 관객 나름의 상상력을 부추기는 도구가 바로 온나노멘이었다고 할 수 있을 것이다. 온나노멘의 창작이 다양해짐에 따라 무겐노의 세계는 한층 더 드라마틱한 무대로 진화해 갔다.

6. 맺음말

사루가쿠 집단에게 있어서 가면은 어디까지나 신앙의 대상이다. 연기자가 한 곡을 연기하는 경우, 분장실에서 모든 분장을 마친 뒤 바로 가면을 착용하지는 않는다. 분장실과 무대를 연결해 주는 곳에 있는 가가미마라고 하는 공간에서 거울을 바라보며 앉아 가면을 향해 공손하게 예의를 표하고 나서야 고켄의 도움으로 가면을 착용하는 것이다. 신을 상징하는 가면뿐 아니라 인간 역할의 가면일 경우에도 마찬가지이다. 노의 세계에서는 가면을 신성시 하는 풍토가 현재 까지도 살아있다.

제아미 시대에는 단지 오토코노멘 이나 온나노멘이라 불렀던 가면들이 구체적인 고유의 명칭을 가지고 탄생하게 된다. 그 역사의 마지막에 온나노멘이 위치한다고 할 수 있다. 노가 예술적인 예능으로 완성된 것도 가면이 구체적인 명칭을 가지고 창작되어 왔던 사실과 무관하지 않으며 그 중에서도 온나노멘의 역할이 무엇보다 컸다고 할 수 있다. 중세 가면의 역사에 있어서 온나노멘의 진화는 노의 진화와 호응하여 노의 예술성을 키워왔던 것이다.

노멘은 기악 가면과는 달리 안면만을 가리도록 만들어졌다. 그 중에서도 온나노멘은 더욱 작아 얼굴에 쓰면 턱이 약간 드러난다. 얼굴의 한 부분을 노출시킴으로써 관객은 가면을 보는 동시에 가면 뒤의 노 연기자를 보게 되는 것이다. 무대 위의 시간이 흐를수록 연기자와 가면 사이의 보이지 않는 갈등이 심화되고 드디어 연기자가 가면의 힘을 극복하고 가면과 일체가 되었을 때 처음으로 가면이 살아난다. 노멘은 약간만 각도를 바꾸어 고개를 젖히거나 숙여도 표정이 달라진다. 가면에 도달하는 빛의 정도에 따라서도 미묘한 변화를 느낄 수 있다. 뛰어난 온나노멘 일수록 더욱 풍부한 감정을 만들어낸다고 할 수 있다. 하지만 온나노멘이 모든 감정의 명암을 드러내는 일은 결코 없다. 무대 위의 노멘을 응시하면 등장인물의 내면이 눈으로 읽히는 순간이 있다. 이 점이 노를 보는 묘미이기도 하다.

참고문헌

『別冊太陽 能』, 平凡社, 1978.
松岡心平, 『宴の身体』, 岩波書店, 1991.
後藤淑, 『能面史硏究序說』, 明善堂書店, 1963.
中村保雄, 『仮面と信仰』, 新潮選書, 1993.
中村保雄, 『古面の美』, 駸駸堂出版, 1989.
山城祥二 編, 『仮面考』, Libro, 1982.
曾我孝司, 『白山信仰と能面』, 雄山閣, 2003.

| Chapter 5 |

태국의 가면

이 병도

1.머리말

가면은 사람이나 동물의 얼굴 모양을 만들어 얼굴을 가리는 특수한 조형품 또는 미술품으로 특정한 목적과 용도를 지닐 뿐만 아니라 다른 인물 및 동물과 초자연적인 존재, 곧 신(神) 등을 나타내는 가장성(假裝性)을 지닌다. 한자어로는 면(面), 면구(面具), 대면(大面), 가두(假頭), 가수(假首) 등의 용어로 사용하는데, 우리말로는 광대, 초라니, 탈, 탈박, 바가지 등으로 불려왔다. 그러나 엄격하게 말하면 얼굴 앞면만 가리는 면구를 가면이라 하고 머리 전체 후두부(後頭部)까지 가리는 것을 가두, 가수, 투두(套頭)라고 해 구별하기도 한다. 한국의 가면극이나 일본의 가면극인 노오(能)에서는 대부분 얼굴 앞면만을 가리는 가면을 착용하고, 중국의 가면국인 나희(儺戲)에서는 가두를 착용한다.

가면은 풍농기원의 제의, 악귀를 쫒는 벽사(辟邪)의식과 나례(儺禮), 치병을 위한 무속적 제의(祭儀), 입사식, 장례식, 축제, 가장무도회, 연극, 무용 등에 폭넓게 사용한다. 그래서 기능과 의미가 매우 다양하다. 태국의 가면에서는 이 가운데 연극과 무용에서 사용되는 무용극, 특히 '콘(khon) 무용극에서 사용되는 가면 '후어콘'[1]이 현재까지도 많이 전승되고 있으며, 그 외의 가면은 일부 지방에서만 가끔 발견될 뿐 종류가 많지 않다. 태국의 연극은 춤과 무용이 곁들인 종합 예술이다. 사람이 직접 연기하는 연극도 있고 가죽으로 인형을 만들어 사람이 목소리를 내어 하는 연극도 있다. 태국의 연극 중 태국을 대표할 수 있고 태국인들이 가장 즐겨 보고 좋아하는 연극이 바로 '콘'이다.

이 글은 '콘'연극에서 사용하는 가면인 '후어콘'의 상징성과 조형미를 살펴보는데 목적이 있다. 먼저 '콘'무용극의 기원과 종류에 대해 알아보고, 다음으로 '콘'에 사용되는 가면들의 종류와 특성, 그리고 연기자의 성격과 상징성에 대해 살펴보기로 하겠다. 이 글은 태국의 가면이 나타내고 있는 상징성과 조형의 특성을 살펴봄으로써 태국의 가면을 처음으로 국내에 소개하는데 그 의의가 있다.

2. '콘'의 기원 및 종류

1) '콘'의 기원

'콘'은 1,450년대부터 기원된 태국의 수준 높은 연극 예술의 하나로 전통적으로 자신의 독특한 양식의 예술을 전승해 온

1) 태국어로 '후어'는 '머리', '콘'은 태국의 무용극의 이름으로 '후어콘'은 '콘 무용극에서 배우들이 쓰는 가면'을 의미한다.

무용극이다. 원래 '콘'은 캄보디아의 양식의 '착낙득담반[2]'놀이에서 기원 되었으며, 그 후 태국의 고대 연극인 '낭야이'[3],그리고 '끄라비끄라벙'[4] 놀이의 예술을 혼합하여 현재의 '콘'이라는 더욱 섬세한 연극예술이 탄생되었다.

'콘'은 사람이 등장인물들의 성격에 맞춰 가면을 쓰고 내용에 맞춰 춤을 추며 하는 연극을 말한다. 춤을 추는 사람은 음악 속에 담긴 대사내용에 맞춰 의미를 전달하는 동작을 하고 말은 하지 않는다. '콘'은 등장인물의 동작 하나하나에 담긴 뜻을 알면 무척 재미있는 연극이다. '콘'은 의상이 화려하고

---

2) 국왕 보승(普升)을 위한 대제(大帝)의 왕실 경축의식에 열리는 공연 중의 하나로 고대 왕이 캄보디아로부터 받아들인 연극의 하나로 추정된다.

3) '라마끼얀'의 고전연극으로 아유타야(Ayuthaya, 1350~1767년)시대부터 있어 왔다. 이 시기의 '낭야이'는 '라마끼얀'의 내용에 따라 도깨비, 원숭이, 그리고 남자와 여자 주인공의 모습을 소가죽에 구멍을 새겨 표현했다. (일부 학자는 물소 가죽을 이용했다고도 주장한다.) '낭야이'란 가죽으로 연극의 등장인물을 조각하여 관중 앞에 천을 치고 그 뒤에 불빛을 비춰서 천으로 만든 막 뒤에 가죽으로 만든 각 인물들을 움직여서 변사가 대사를 말하며 하는 연극을 말한다. 우리나라의 만석중 놀이와 비슷하다. '낭야이'는 고대 귀족들이나 신분이 높은 사람들이 즐기던 오락의 하나이며 오래전부터 전해 내려오는 놀이이다. 이 '낭야이'의 이야기는 주로 태국 고전인 '라마끼얀'이다. 이 '낭야이'에 필요한 구성 요소로는, 큰 가죽 한 장에 갖가지 등장인물과 동물들, 배경을 줄거리에 맞게 조각을 한 것과 조각된 가죽을 비추는 큰 스크린 역할을 하는 막이 있어야 한다. 이 막은 보통 가로 6m, 세로 16m가 되며 흰색 천으로 되어 있다. 또 하나의 구성요소는 큰 가죽에 대나무를 붙여서 움직이는 사람이 필요하고 등장인물이나 동물들의 대사를 말하는 변사가 필요하다.

4) '끄라비끄라벙'은 검도와 곤봉 간의 격투기로 두 사람의 싸움으로 이루어지며 '끄라비끄라벙'의 싸움 자세를 후에 '콘'연극에 응용하여 새로운 종류의 전투를 표현하는 자세를 만들었다.

내용 또한 재미있고 해학적인 면과 희극적인 면이 있다.

'콘'은 아유타야 시대부터 전해 내려오는 것으로 태국의 왕실이나 귀족들이 즐기던 연극이었다. 현재 '콘'공연에서 사용되는 이야기는 '라마끼얀'(Ramakien)이다. 태국의 '라마끼얀'은 인도의 고대 서사시인 '라마야나'(Ramayana)에서 왔다. '라마끼얀'은 여러 편으로 되어있으며 '라마야나'의 내용과는 많이 다르게 진행된다. '라마끼얀'의 내용은 인간사에 관한 것이 아니라 신과 사악한 도깨비들이 싸우는 내용이다. '콘'은 인도에서 직접 영향을 받은 것이 아니라 크메르를 거쳐 영향을 받은 것으로 여겨진다.

태국에서 공연되는 '콘'은 라마끼얀(Ramakien)의 태국판인 '라마왕자의 영광'만을 연출하는 무언극으로 변사가 시를 낭송하고 출연자는 가면, 즉 '후어콘'을 쓰고 연기를 한다. 현재 '콘'은 왕족이나 귀족들이 모이는 자리나 국가의 중요행사인 왕의 대관식 때나, 왕이나 왕족의 생일 때 축하 행사의 하나로 공연한다. '콘'이라는 말이 언제부터 사용해 왔는지는 분명하지 않다. 태국의 고대 운문 문학작품인 '리릿프라러'에서도 언급되어 있으며, 또한 한 서양인이 저술한 '나라이왕(재위: 1656~1688년)시대 태국의 놀이 예술'에 관한 서적에도 언급되어 있다. 어쨌든 '콘'은 태국인이 오랜 기간에 걸쳐 선호하고 전통을 고수해 온 무용극의 하나이다. '콘'이라는 말의 근원은 다음과 같이 여러 언어에서 비롯되었을 것이라고 추측하고 있다.

첫째, 벵골어로 '콘'이라는 말은 가죽으로 만든 악기의 이름을 의미한다. 모양은 받침대가 있고 손으로 치는 양면 북이다. '콘'은 대부분 벵골지역 내에 사람들이 유랑연극의 일종인 '야드라'라고 부르는 놀이에 함께 사용하는 악기였다. 만약 이 악기가 태국에 도입되어 무용극에 사용되었다면 악기 이름에 따라 '콘'이라고 불렀을 것이다.

둘째, 타밀어의 '꼰' 혹은 '꼬람'과 비슷한 말로 '성'(性) 혹은 '성의 특성에 따라 옷치장 하는 것'을 의미한다.

셋째, 이란어의 '쑤랏크완'(surat khwan)에서 온 말로 '쑤랏'은 '인형'을 의미하며, '크완'은 인형 대신 말을 하는 '변사'를 의미한다.

만약 '콘'이라는 말이 위의 세 언어에서 기원되었다면, 이들 국가의 상인과 자바섬, 말라유, 그리고 인도차이나반도 지역에 종교를 전파한 전도사들로부터 왔을 것으로 추정된다.

넷째, 캄보디아어 사전에 '라컨'(극, 연극)이라는 말이 있다. 그러나 '라컨'을 쓸 때는 '라콘'이라는 문자를 사용한다. 이는 여러 가지 이야기로 구성된 여흥의 한 종류이다. 한편 '콘'이라는 말은 캄보디아 사전에 '라마끼얀에 사용하는 연극'으로 설명해 놓고 있다.

위의 여러 가정에 비추어 볼 때 '콘'은 위의 어느 한 언어에서 파생되었다고 할 수 있다. 그러나 1982년 태국왕립사전에는 '콘'은 "단지 라마끼얀에서만 사용하는 무용극과 비슷한 종류의 놀이를 의미하며, 연극을 하는 사람은 '후어콘'이라고 하는 여러 모형의 가면을 쓴다."라고 설명하고 있다.

2) '콘'의 종류

원래 '콘'은 처음부터 구성요소가 그다지 많이 있지 않았을 것으로 추정하지만, 그러나 시간이 지나면서 많은 발전을 거쳐 왔다. 발전 단계에 따라 '콘'의 종류를 다음과 같이 분류해 볼 수 있다.

(1) 콘끌랑뻘랭

'콘끌랑뻘랭'은 공연장을 따로 지을 필요가 없이 야외나 광장에서 공연했다. 공연에는 따로 무대 장치를 세우지 않고 있는 지형과 자연을 그대로 공연의 배경으로 사용하였다. 이 공연은 1796년 랏따나꼬씬왕조(Rattanakosin, 1782년~현재) 라마 1세(재위 1782~1809)시기에 부왕의 유골 기념행사에서부터 시작되었다. 목이 10개인 도깨비왕[5]과, 라마(Rama)왕이 서로 군대를 이끌고 부왕의 야외용 임시 휴식처 앞 광장에서 전투를 벌이는 내용이다. '콘끌랑쁘랭'은 기본적으로 군대를 이끌고 출병하는 장면을 주로 공연하며, 음악 또한 연주에 있어서 적어도 2개 이상으로 이루어진 민속악단만을 필요로 할 뿐이다. 그리고 대사 또한 단지 변사가 설명하는 말과 대화로만 이루어질 뿐이다.

5) 라마끼얀 중 롱까(Longka)국 왕의 라파나(Rapana)의 호칭.

(2) 콘롱넉 혹은 콘낭라우

이것은 지붕이 있는 공연장 무대 위에서 이루어지는 공연이지만, 연기자를 위한 좌석은 마련되어 있지 않다. 공연장 앞의 긴 부분을 따라 난간이 있으며, 스크린 앞쪽에 배우가 왔다갔다 걸을 수 있도록 공간이 있다. 연기자가 자신의 대사를 연기하고 난간위에 가서 앉는다. 노래 부르는 것은 없고 단지 변사가 하는 설명과 대화만 있을 뿐이다.

(3) 콘나쩌

이것은 '낭야이' 영사막 앞에서 하는 공연이다. 영사막의 면포 두 칸 모두에 구멍을 내어 연기자들이 아치 형태의 문 양쪽에서 나오고 들어가도록 한다. 한 면은 랑까시(市)로 가장한 왕궁이며, 다른 한 면은 라마왕의 임시거처용 캠프로 가장하여 '콘'공연이 무대 위에서 행해진다. 뒤쪽은 '낭야이'가 되므로 이를 '콘나쩌', 즉 '영사막 콘'이라고 부른다.

(4) 콘롱나이

이것은 '콘'과 '라컨나이'6)를 혼합한 예술로 몸과 손을 사용하여 춤을 춘다. 남자 주인공은 '후어콘'을 쓰지 않는다. '콘'의 형태에 따라 변사의 대화가 있다. '라컨나이'형식의 음악과 노래가 있으며, 북부지방의 전통 춤인 '휜'7)이 함께 혼합되어 있다.

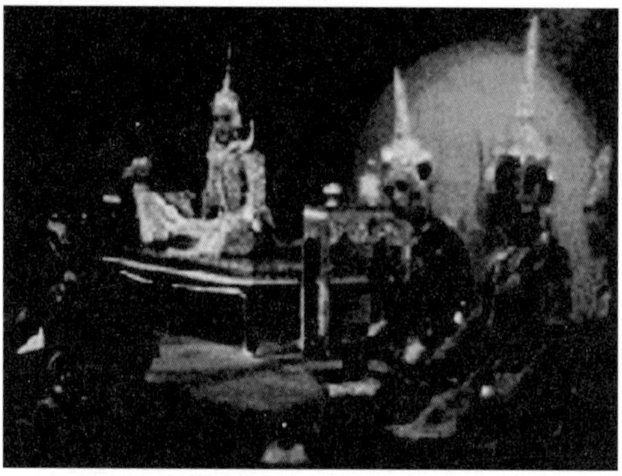

---

6) 왕궁의 미인들에 의해 왕궁 내에서 연기되는 내극.

7) '휜'은 태국의 북부지방에서 여러 사람이 그룹을 지어 추는 춤이다. 노래의 리듬은 주로 부드럽고 느리며, 우아하다. 무희들의 손톱에 금색으로 된 긴 손톱을 끼고 추는 '휜렙'을 비롯하여 '휜티안', '휜라우팬', '휜만우이 차아따', '휜만봉', '휜답' 등이 있다.

(5) 콘착

'콘착'은 라마 5세인 쭐라롱껀(Chulalongkorn, 재위: 1868~1910년)대왕 시기에 생겨난 것으로 보여 진다. 이것은 '라컨듹담반'[8]과 비슷하다. 연주하고 공연하는 방법도 '라컨듹담반' 형태의 막으로 나누어진다. 그러나 공연하는 방법은 '콘롱나이'의 형태이다. 노래와 춤 행렬이 있고, 그리고 음악이 연주된다. 스크린 제작은 사건과 연극 내용의 가정된 장소로 구성되어 세워진다.

'콘'은 고도의 춤 솜씨가 필요하므로 '콘'을 공연하기 위해서는 적어도 8살에서 10살 정도부터 시작하여야 한다. '콘'에 사용되는 대사는 태국운문 형태의 하나인 '끌런'이 사용된다. '콘'은 내용과 연극하는 사람들의 춤 솜씨 이외에도 의상과 장식, 가면들이 아주 볼 만하다. 무척 화려하고 많은 장식들을 달며 모두 수작업으로 만든다. 한 인물의 의상과 몸을 치장하는 데만 보통 5~6시간이 걸린다.

8) 태국의 고대 연극.

3. '후어콘'의 상징성과 조형미

1) '후어콘'의 중요성

과거에 '콘'에 참여하는 연기자들은 모두 '후어콘', 즉 가면을 머리에 쓰고 얼굴을 모두 가려야만 했다. 따라서 연기자 대신 무대 뒤에서 '푸팍-쩨라짜'라고 부르는 변사가 필요했다. 연기자들은 변사의 말과 노래 가사에 따라 춤을 추거나 자세와 표정을 취했다. 그 후 '콘'연극에 있어 남자 및 여자 인간, 그리고 신과 선녀의 역할을 담당하는 연기자는 얼굴을 가리는 가면을 사용할 필요가 없고 머리에만 관을 쓰도록 변화되었다. 단, 도깨비와 원숭이 역할을 하는 연기자는 과거와 같이 '후어콘'을 계속 사용하고 있다. 머리 장신구로는 '차다'(첨탑형의 무용관), '몽꿋'(끝이 뾰족한 관), '랏끌라오'(인조보석을 박은 관과 비슷한 머리양식으로 머리를 눌러서 죄이며 여배우가 착용한다), '끄라방나' 등이 있으며 이들 모두를 합쳐서 '씨라편'이라고 부른다.

'후어콘'은 '콘' 연극에 참여하는 연기자들이 머리에 쓰는 장신구이며, '후어콘'의 특성에 따라 연기자가 어떤 역할을 하는지를 쉽게 알 수 있다. 따라서 '콘'연극에 사용하는 '후어콘'은 전통 양식에 따라 섬세하고, 아름답게 만들어진다. 그 외에도 '후어콘'은 스승에 비유되기 때문에 모든 연기자들이 존경하고 경배하며 신성시하는 대상이다. 신을 초청하는 의식을 행할 때도 '후어콘'에 대한 제사를 지내야 하며, '후어콘'을 만들기 전에 스승에 대한 공경으로 제물을 바친다. '후어콘'의 제작이 끝나면 '후어콘'의 눈구멍을 파는 의식이 있다. 이렇게 여러 의식을 거치고 완성된 '후어콘'을 적당한 장소에 설치해 둔다. 새로 만든 '후어콘'은 첫 번째 공연을 할 때 스승이 연기자에게 씌어 준다. 이렇게 하는 것이 길조라고 믿기 때문이다.

2) 등장인물의 조형

'콘'에 나오는 등장인물들만 알 수 있어도 '콘'을 보고 이해하는데 많은 도움이 된다. 등장인물들은 크게 네 종류로 나눈다. 남자 인간과 남자 신, 여자 인간과 여자 신, 도깨비들, 원숭이들, 그리고 그 외에 엑스트라들이 있다.

선한 나라의 남녀 주인공에는 프라람(Rama)과 씨다(Sida)가 있고 그 외에 프라람의 동생인 프라락(Laksaman)과 프라프롯(Prot)이 있으며, 원숭이 왕으로는 하누만(Hanuman)과 쑥크립(Sukrip) 등이 있다. 한편 도깨비들에는 도깨비 우두머리인 톳싸깐(Tosakanth)을 비롯하여 인트라칫(Indrajit), 꿈파깐(Kumphakarn) 등이 있다.

(1) 남자 연기자

① 프라람(라마왕) : 프라람은 나라이신(비슈뉴신)의 화신으로 톳싸롯왕과 까오쑤리야왕비의 장남이다. 그는 태어날 때부터 불의를 물리치는 임무, 특히 톳싸깐[9] 을 진압하는 임무를 띠고 태어났다. 프라람의 몸은 초록색이다.

② 프라락 : 프라락은 라마왕의 충성스러운 신하로 노란색의

9) 목이 열 개인 마왕(롱까국왕 라파나의 호칭).

몸을 가지고 있다.

프라락

프라람(라마왕)

(2) 여자 연기자

① 씨다 : 라마왕의 아내이며 시바신(大自在天)의 명령에 따라 인간 세상에 태어났으며, 몸 색깔은 연녹색이다.

② 몬토(Monto) : 원래는 개구리였으나 마법사 네 명이 주문을 걸어 여성으로 변신하여 하녀가 되었으나 후에 톳싸깐의 아내가 되었다.

③ 벤짜까이(Benjakai) : 원숭이 왕인 하누만의 아내

인간의 정면과 옆모습 가면
①바롯(Bhrot), ②라마왕, ③프라락, ④싸트룻(Satrud)

씨다

(3) 도깨비 연기자

① 톳싸깐 : 초록색의 도깨비 왕으로 10개의 머리와 20개의 손을 가졌다. 전생에는 신들의 발을 씻어주는 하인이었으나 톳싸깐으로 환생하였다. 원하는 대로 자신의 몸을 변화시킬 수 있는 능력을 가지고 있다. 몸은 초록색이며, 부릅뜬 눈을 하고 있으며, 아치형의 송곳니를 가지고 있다.

② 꿈파깐 : 물항아리 모양의 귀를 가진 초록색의 도깨비로 톳싸깐의 첫째 동생이다. 한 개의 얼굴과 두 개의 손을 가지고 있다.

③ 피펙(Pipek) : 초록색의 도깨비로 톳싸깐의 둘째 동생이며 훌륭한 예언 능력을 가졌다. 입을 꽉 다물고 있으며, 악어 눈 모양을 하고 있다.

④ 라마쑨(Ramasun) : 뇌신(雷神)으로 다이아몬드 도끼를 들

고 있으며, 몸은 초록색이고 부릅뜬 눈을 가지고 있다.

⑤ 인트라칫(Indrajit) : 톳싸깐의 아들로 몸은 초록색이며 두 개의 팔을 가지고 있다. 입을 악물고 있으며 송곳니가 안쪽으로 굽었고, 부릅뜬 눈을 하고 있다.

톳싸깐

꿈파깐

인트라칫

피펙

(4) 원숭이 연기자

① 하누만 : 하얀색의 원숭이로 파리(Pali)와 쑥크립의 조카이다. 입을 크게 벌린 모습을 하고 있으며, 금색 화관을 쓰고 있다. 앞쪽 끝이 세 갈래로 갈라진 삼지창을 들고 있다.

② 옹꼿(Ongot) : 초록색의 원숭이로 파리와 몬토의 아들이다. 끝이 구부러진 단검을 무기로 들고 있다.

하누만

옹꼿

③ 파리 : 인드라신의 자식이자 쑥크립의 이복형으로 에메랄드 빛의 연녹색의 몸을 가지고 있으며, 입을 크게 벌린 모습을 하고 있다.

④ 쑥크립 : 빨간색의 원숭이로 태양신의 아들이자 파리의 동생이며, 입을 크게 벌린 모습을 하고 있다.

파리

쑥크립

⑤ 닌라팟(Nilapat) : 백만 개의 머리를 가진 원숭이 왕으로 몸은 옻색이며, 죽음의 신의 자식이다.

⑥ 참푸와랏(Jambuvaraj) : 라마왕 군대에서 가장 나이가 많은 원숭이로 선홍색의 몸을 가지고 있다.

닌라팟

참푸와랏

⑦ 씹뻿몽꿋(18 coronets) : '씹뻿몽꿋'은 도깨비와 싸우기 위해 라마왕의 군인으로 인간 세상에 내려온 신이다. 머리에 관을 쓰지 않는다.

⑧ 띠야우펫(Tiew Pet) : '씹뻿몽꿋'과 마찬가지로 관을 쓰지 않고 대신 머리에 천을 두른다.

(5) 신 연기자

① 프라이쑤언(시바신) : 브라만교에 세 신 중의 하나로 파괴의 신으로 간주된다. 시바신의 몸체는 하얀 색, 목은 녹색이다. 세 개의 눈을 가졌으며, 손의 수는 수시로 변한다.

② 프라나라이(비슈뉴신) : 만병을 고치고 중생을 구제하는 신으로, 몸은 검은색이며 네 개의 손을 가지고 있다.

③ 프롬(시바신) : 브라만교에 세 신 중의 하나로 창조주이

다. 시바신의 몸체는 하얀색이며 얼굴이 네 개이다.

④ 프라인(인드라신) : 매우 존경 받는 천신의 왕(帝釋天)으로 몸은 초록색으로 각종 악귀를 물리치는 신이다.

프라나라이(비슈뉴신)

3) '후어콘'의 상징성과 조형미

'콘'의 주제는 고대 산스크리트 전설인 '라마야나'의 태국판인 '라마끼안'으로부터 왔다. 태국판 '라마끼안'의 주된 내용은 아요타야(Ayodhya)의 정의로운 왕인 라마(Rama)왕과 씨다(Sita)라는 라마왕의 아름다운 부인을 납치한 롱까(Lonka)섬 왕국의 사악한 톳싸깐(Tosakanth)왕 사이의 전쟁을 다루고 있다. 라마왕은 그의 충성스런 동생인 락싸만(Lakshman)과 원숭이 군대를 지휘하는 여러 명의 원숭이 지휘관을 거느리고 있으며, 톳싸깐 또한 그의 인척인 아수라(Asuras), 락싸(Rakshas), 약사(Yakshas) 등 여러 도깨비들의 도움을 받았다.

라마와 락싸만이 톳싸깐을 추적하는 동안 킷킨(Khitkhin)국의 왕인 쑥크립(Sukrip)과 쑥크립의 동맹군이 된 좀푸(Jompu)의 왕 타오마하좀푸(Thao Maha Jompu) 등 두 원숭이 왕도 합세하였다. 라마왕은 아시아 대륙의 최남단에 이르렀을 때 두 원숭이 지원군에게 롱까국까지 바다를 가로지르는 돌다리를 건설하라고 명령했다. 다리가 완성된 후 원숭이 군대는 아군들이 거처할 숙소를 세우고, 또한 롱까국과 가까운 곳에 임시 막사를 지었다. 라마왕이 톳싸깐을 포위하고 있는 동안에 양측 사이에 많은 전투가 벌어졌다.

양측의 군대를 계급 순서에 따라 배열하면 다음과 같다.

롱까측 군대

① 최고사령관 : 톳싸깐(Tosakanth)

② 사령관(왕자들): 꿈파깐(Kumphakarn), 인트라칫(Intrajit)

③ 사령관(다른 나라 출신의 왕자들) : 마이야랍(Maiyarab), 쌩아팃(Seng Atit)

④ 고위 장교들 : 마호톤(Mahothorn), 빠오와나쑨(Paovanasun)

⑤ 하위 장교들 : 까라쑨(Kalasun), 까룬랏(Karunraj)

⑥ 병사들

라마왕측 군대

① 최고사령관 : 프라람(Rama)

② 장관 : 프라락(Lakshman)

③ 원숭이 왕 : 쑥크립(Sukrip), 옹콧(Ongot), 하누만(Hanuman)

④ '18개의 소관(小冠)'이라는 이름을 가진 고위 장교들 : 께윤(Keyun), 마윤(Mayun), 께썬타말라(Kesorndamala)

⑤ 장교들 : 초띠묵(Chotimuk), 삥클라(Pingala), 마깐짜윅(Makanchawig)

⑥ 하사관

⑦ 병사들

라마왕과 톳싸깐의 양측 군대 모두 많은 지원국을 가지고 있기 때문에 '콘'은 많은 연기자들, 그리고 여러 신과 도깨비 등의 다양한 가면들을 필요로 한다. 앞에서 언급한 바와 같이 과거에는 모든 연기자가 가면을 썼으나 현재는 남자 및 여자 인간, 신과 선녀, 그리고 여자 도깨비의 역할을 담당하는 연기자는 가면을 쓰지 않고 머리에만 관을 쓴다. 따라서 도깨비, 원숭이, 그리고 동물들만이 가면을 쓴다. 그러나 그들의 의상은 반드시 규정을 따라야만 한다.

'후어콘'은 다음과 같이 여러 종류로 구분할 수 있다.

① 프롬(대범천:창조신)), 나라이(비슈뉴신), 이쑤언(시바신) 등 여러 신을 상징하는 후어콘

② 사제(司祭)에 머리에 씌우는 후어콘

③ 승려의 머리에 씌우는 후어콘

④ 도깨비 머리에 씌우는 후어콘: '약론'이라고 부르는 머리장식과 '약엿'이라고 부르는 관

⑤ 차다(무용용 관) 혹은 몽꿋(끝이 뾰족한 왕관)

⑥ 여행용 모자

⑦ 원숭이 머리에 씌우는 후어콘

⑧ 각종 동물에 씌우는 후어콘 : 크룻,[10] 낙,[11] 사자, 말, 새, 코끼리, 금사슴 등

도깨비와 원숭이들이 쓰는 가면은 끝이 뾰족한 가면과, 머리

---

10) 사람의 몸과 팔을 가진 신비한 새 이름, 가루다(garuda).
11) 머리에 관을 쓴 커다란 뱀.

가 벗겨진 가면 등 두 가지 형태로 나눈다. 따라서 도깨비와 원숭이 가면은 사실상 각각 두 개씩 총 네 개가 있다.

① 약엿(Demon Peaked Mask) : 도깨비 모양의 뾰족한 가면
② 약론(Demon Bald Mask) : 도깨비 모양의 머리가 벗겨진 가면
③ 링엿(Monkey Peaked Mask) : 원숭이 모양의 뾰족한 가면
④ 링론(Monkey Bald Mask) : 원숭이 모양의 머리가 벗겨진 가면

이들 가면은 형태, 장식, 색깔, 얼굴 표정에 따라 각각의 특징을 가지고 있다. 고대 장인들이 규정한 것에 따르면, '후어콘'은 여러 문양이 있고 서로 다른 색깔로 만들며 형체도 다양하다.

도깨비 가면들
①인트라칫, ②톳싸깐, ③라마쑨, ④피랍, ⑤위룬짬방, ⑥쌋타쑨, ⑦마이야랍

원숭이 가면들
①옹꼿, ②참푸와랏, ③쑥크립, ④촘푸판, ⑤닌라팟, ⑥닌라랏, ⑦하누만

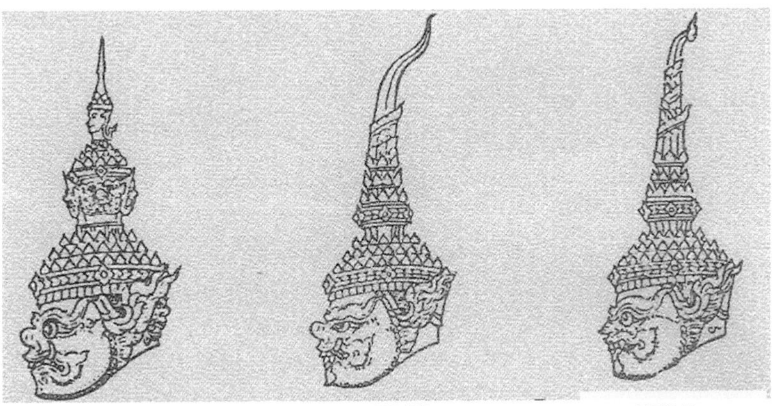

톳싸깐
3단 머리의 승리의 왕관
이빨을 드러낸 입
튀어나온 눈

뜨리메
길쭉하게 늘어뜨린
뾰족한 왕관
다문 입
악어 눈

라마쑨
대나무 모양의 뾰족한
왕관
짧은 구렛나루
집게 모양의 입
튀어나온 눈

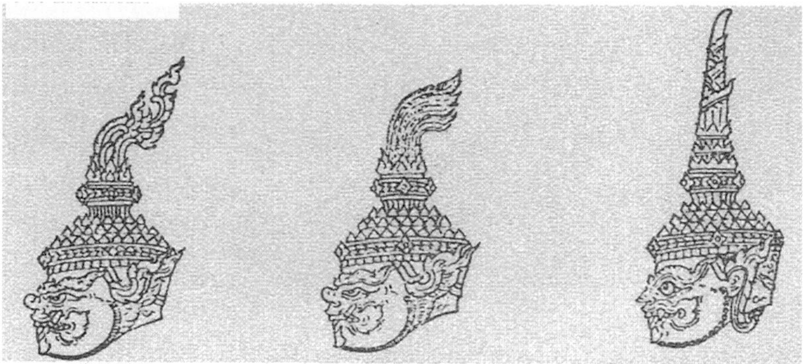

마이야랍
끄라녹 모양의 뾰족한 왕관
다문 입
악어 눈

비룬깜방
수탉 꼬리 모양의 뾰족한 왕관
다문 입
악어 눈

인트라칫
대나무 모양의 뾰족한 왕관
사람 모양의 짧은 구렛나루
튀어나온 눈

망꺼라칸
뱀 모양의 뾰족한 왕관
다문 입
악어 눈

꿈파깐
머리가 벗겨진 가면
이빨을 드러낸 입
튀어나온 눈

파야 컨
세로로 홈이 있는 뾰족한 왕관
다문 입
악어 눈

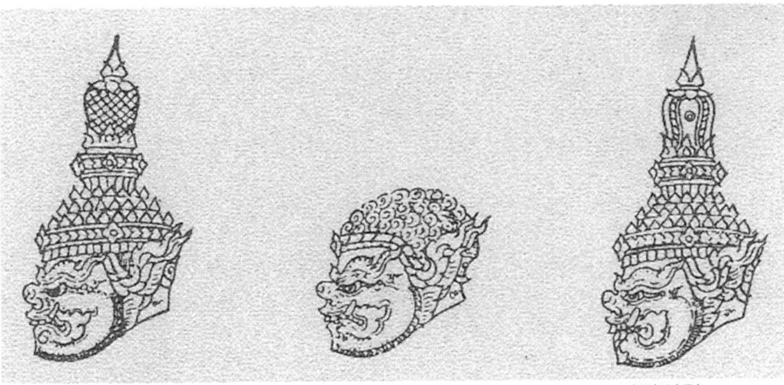

피펙	피랍	반라이칸
호리병 모양의 뾰족한 왕관 이빨을 드러낸 입 악어 눈	머리가 벗겨진 가면 이빨을 드러낸 입 악어 눈	세로로 홈이 있는 호리병 모양의 뾰족한 왕관 이빨을 드러낸 입 악어 눈

여러 계층의 원숭이가 있는 라마왕 측 군대는 가면의 형태에 따라 다음과 같이 구분한다.

① 엿밧(yodbat)왕관(끝이 뾰족한 왕관)은 팔리(Pali)와 쑥카립(Sukrip)이 쓴다.

② 엿차이(yodchai)왕관(끝이 날카롭게 뾰족한 왕관)은 촘푸판(Jumbuban)과 참푸와 랏(Jambubaj)이 쓴다.

③ 엿쌈끌립(yodsamkleep)왕관(꽃잎 3개가 있는 왕관)은 옹꿋(Ongot) 혼자만 쓴다.

④ 몽꿋(끝이 뾰족한 왕관)이 없는 머리가 벗겨진 가면은 정식 왕이 아닌 원숭이 왕, 예를 들면 하누만(Hnuman), 닌라팟(Nilapat), 닌라논(Nilanon) 등이 쓴다.

⑤ '18명의 소관(小冠)'이라 불리는 원숭이들은 머리가 벗겨진 가면을 쓴다.

⑥ 띠야우펫(Tiew Pet)과 짱끼양(Chang Kiang)의 머리가 벗겨진 가면

은 하위급의 장교들과 하사관들이 쓴다.

⑦ 기타 병사들의 가면과 광대들의 가면

4번-6번 즉, 정식 왕이 아닌 원숭이 왕, 18명의 소관을 쓴 원숭이, 그리고 '띠야우펫'이라고 하는 하위급 장교들들 모두 한데 뭉뚱그려 왕관이 없이 '머리가 벗겨진 원숭이', 즉 '링론'이라고 부르며, 이들이 착용하는 가면으로는 약 30개 정도가 고안되었다.

옛밧 왕관
팔리와 쑥카립

옛차이 왕관
촘푸판과 참푸와랏

옛쌈끌립 왕관
옹꼿(Ongot)

머리가 벗겨지고 입을 벌린 가면
하누만과 '18명의 소관(小冠)'

머리가 벗겨지고 입을 다문 가면
싸따플리와 피몬 파논

그러나 형태에 따라 가면들을 구분하기에는 서로 비슷한 모양을 하고 있어서 의상의 색상과 얼굴의 특징으로 구별할 수도 있다. 예를 들면, 노란색을 띄는 빨간색 가면은 닌라논(Nilanon)에 속하고, 황동색은 닌라빠싼(Nilapasan), 구리색은 닌라엑(Nila-ek), 연한 연꽃색은 꼬뭇(Komut), 보라색은 께윤(Keyun)에 속한다.

그러나 같은 색의 가면은 얼굴의 표정에 의해 구분되며, 또한 연기자가 가지고 있는 무기에 의해서도 구분한다. 예를 들면, 입을 크게 벌리고 삼지창을 가지고 있는 흰색 원숭이는 하누만(Hanuman)이고, 반면에 입을 다물고 단검을 가지고 있는 다른 흰색의 원숭이는 쌋따플리(sataplee)이다. 또한 두 마리의 검은색 원숭이 중 하나는 옻나무 색이고 다른 하나는 선명하지 않은 검은색이다. 이들은 거의 비슷해 보이지만 가면으로 쉽게 구분할 수 있다. 피몬파넌(Pilmon Panon)의 입은 다물고 있지만, 반면에 닌라팟(Nilapat)의 입은 크게 벌려 있다.

같은 색의 사용 -예를 들면 신원의 확인을 위해서-은 끝이 뾰족한 가면들에게 또한 적용된다. 밝은 초록색의 엿밧 왕관은 팔리(Pali)에 속하고, 어두운 파란색은 타우마하촘푸(Thao Mana Jompu)에 속하며, 중국풍의 붉은색은 쑤카립(Sukrip)에 속한다. 현재는 띠야우펫(Tiew Pet)과 짱끼양(Chang Kiang) 그룹의 원숭이들은 거의 무대에 나타나지 않기 때문에 이들의 가면은 필요하지 않다.

한편 '콘'에 사용하는 도깨비 가면은 100개 이상의 종류가 있다. 이러한 가면들을 만드는데 있어 서로 구분할 수 있도록 일정한 규정들이 있다. 도깨비 가면은 14개의 서로 다른 그룹으로 구분되어진다.

① 몽꿋엿끄라녹[12]: 파야틋(Phya Thut)과 마이야랍(Maiyarab)이 쓰는 끄라녹(Kronok) 모양의 뾰족한 왕관

파야틋

마이야랍

② 몽꿋엿찝[13]: 파야컨(Phaya Khorn)과 쌋타쑨(Satthasun)이 쓰는 둥근 세로로 홈이 있는 뾰족한 왕관.

파야컨

쌋타쑨

12) 꼭대기가 '끄라녹' 모양, '끄라녹'은 태국식 문양의 일종임.
13) 꼭대기가 주름진 모양.

③ 몽꿋엿항까이[14]: 위룬짬방(Virun Cambang)과 반라이짝(Banlaichak)이 쓰는 수 탉 꼬리모양의 뾰족한 왕관.

④ 몽꿋엿남따오[15]: 피펙(Pipek)과 치와하(Chiuha)가 쓰는 호리병 모양의 뾰족한 왕관.

위룬짬방

피펙

빠오와나쑨

⑤ 몽꿋엿남따오끌롬[16]: 꾸웨라누랏(Kuvennuraj)과 빠오와나쑨(Paovanasun)이 쓰는 둥근 호리병 뾰족한 왕관.

⑥ 몽꿋엿남따오흐엉[17]: 반라이깐(Banlaikan)과 완유윅(Wanyuwik)이 쓰는 둥근 모양의 세로로 홈이 있는 뾰족한 왕관.

⑦ 몽꿋엿깝파이[18]: 톳싸키리완(Tosakhirivan), 톳싸키리턴(Tosakhirithorn), 라마쑨(Ramaun)이 쓰는 대나무 상자 모양의 뾰족한 왕관.

⑧ 몽꿋엿쌈끌립[19]: 탑나쑨(Tapnasun), 싸와후(Swahu), 그리고 마릿

14) 꼭대기가 수탉 꼬리 모양.
15) 꼭대기가 조롱박 모양.
16) 꼭대기가 둥근 조롱박 모양.
17) 꼭대기가 직각 모양.
18) 꼭대기가 대나무 껍질 모양.
19) 꼭대기가 꽃잎 3개가 있는 모양.

(Maric)이 쓰는 3개의 모서리가 있는 산봉우리 모양의 왕관.

⑨ 몽꿋엿항끌라이[20]: 뜨리멕(Trimegh)이 쓰는 길쭉하게 늘어뜨린 뾰족한 왕관.

⑩ 몽꿋엿낙[21]: 망껀깐(Mangkorakanth)이 쓰는 뱀머리 모양의 뾰족한 왕관.

⑪ 머리 혹은 얼굴 형태에 따른 몽꿋: 10개의 머리를 가진 톳싸깐(Tosakanth)과 3개의 얼굴을 가진 뜨리씨안(Trisian)이 쓰는 왕관.

⑫ 왕관이 없이 머리가 벗겨진 가면으로 쿰파칸(Kumphakarn)과 문라프람(Mulaphalum)이 쓴다.

⑬ 후어론[22]:일반적으로 하급장교들이 쓰는 머리가 벗겨진 가면.

⑭ 후어켄: 병사들과 광대의 가면.

뜨리씨얀

쿰파칸

위에서 살펴본 바와 같이 연기자의 배역에 따라 쓰는 '후어콘'의 모습이나 형태를 서로 다르게 규정해 놓았음에도 불구하고 여전히 확실하게 구분하기에는 어려움이 있다. 따라서 이

20) 꼭대기가 덩굴 모양.

21) 꼭대기가 머리에 관을 쓴 큰 뱀 모양.

22) 반들반들하게 박박 깎은 머리 모양의 후어콘.

러한 문제를 해결하기 위해서 입과 눈의 모양, 그리고 얼굴의 표정 또한 서로 다르게 규정해 놓음으로써 각 연기자가 가지고 있는 고유한 특징을 나타내고 있다. 만약 '콘'무언극을 관람하는 청중들이 이러한 특징들을 잘 파악할 수 있다면 보다 재미있게 즐길 수 있고, 동시에 섬세하고, 정교한 태국 장인들의 정신을 이해할 수 있을 것이다. 눈과 입 모양을 통해 식별할 수 있는 특징은 다음과 같다.

① 이빨을 드러낸 입과 부릅뜬 눈 : 톳싸깐, 쿰파깐
② 꽉 다문 입과 악어 눈 : 마이야랍, 뜨리메, 망코라깐
③ 꽉 다문 입과 부릅뜬 입 : 인트라칫, 라마쑨, 쑤리야폽
④ 이빨을 드러낸 입과 악어 눈 : 피펙, 피랍

그러나 입과 눈의 배합과 형태를 통해 정확하게 식별하는데에도 어려움이 따른다. 따라서 약 100여개의 기묘한 '콘'의 도깨비들을 인식하는데 도움을 줄 수 있는 것은 바로 색깔을 통해서이다. 예를 들면, 끄라녹 뾰족한 왕관 가면을 쓰는 많은 도깨비들은 얼굴 색깔로서 식별할 수 있다. 쿠레판은 연보라색, 파야툿(Phya Thut)은 보라색, 와이딴은(Vaitan)은 밝은 파랑, 그리고 생아팃(Seng Atit)은 주홍색이다. 녹색 얼굴을 하고 세로로 홈이 있는 뾰족한 왕관 가면은 파야 컨(Phya Khorn)의 것이다. 반면 주홍색의 얼굴을 하고 같은 왕관 가면을 쓴 것은 쌋타쑨(Satthasun)이며, 누르스름한 빨강은 쌋타룽(Satalung), 주홍색 빨강은 꿈판누랏(Kumbhannuraj), 그리고 검은색 빛의 빨강은 빠툿탄(Pathutan)이다.

지금까지 살펴본바와 같이 색깔이 '콘'연기자들을 식별하는

데 있어 중요한 요인이 되고 있음을 알 수 있다. 색깔을 만드는데 있어 조금이라도 실수를 하면 쉽게 혼동을 일으킬 수 있다. 그래서 다른 특징들도 고려되어야만 한다. 예를 들면, 파야 텃(Phya Thut)과 쿤쁘라핫(Khun Prahat)의 경우 이 둘은 보라색 얼굴을 갖지만, 전자는 창을 가지고 있고, 후자는 곤봉을 가지고 있다. 그러므로 무기들은 연기자들을 식별할 수 있는 또 다른 사물이 된다. 그리고 비슷한 무기인 경우에는 의상이나 전쟁에 사용하는 말 등의 탈것을 통해 알 수 있다. 다음은 비슷한 왕관을 썼지만 서로 다른 색깔이나 무기, 또는 탈것에 따라 분류한 도깨비들이다.

① 끄라녹 모양의 뾰족한 왕관

명칭	색깔	무기나 탈것
쿠레판	연보라	곤봉
트리 팍깐	초록	활과 화살
파야 툿	자주	얼룩말
쿤 프라핫	자주	곤봉
마이야랍	연보라	긴 곤봉
와이딴	연한 파랑	-
쌩 아틧	주홍	-
히란약	금색	-
아누랏	연노랑	-

② 세로 모양의 홈이 있는 왕관

명칭	색깔	무기나 탈것
쿰판누랏	주홍	곤봉과 밧줄
파야 컨	초록	활과 화살
파투탄	흙빨강	-
싸따룽	누르스름한 빨강	곤봉과 활
싸따쑨	주홍	곤봉과 활
헤란툿	연보라	-

③ 공작 꼬리 모양의 뾰족한 왕관

명칭	색깔	무기나 탈것
착끄라왓	하양	얼굴이 네 개
반라이착	연보라	활
마하욤약	주홍	-
마란	노랑 혹은 금색	-
위룬짬방	회색-검정	곤봉과 활

④ 호리병 모양의 끝이 뾰족한 왕관

명칭	색깔	무기나 탈것
쿰파캇	흙빨강	-
치우하	주홍	-
피펙	초록	-
와유팍	초록	-

⑤ 둥근 호리병 모양의 끝이 뾰족한 왕관

명칭	색깔	무기나 탈것
쿰폰	초록	-
쿠웬누랏	하양	활과 곤봉
뜨리푸람	검은 잉크색	곤봉
논유팍	초록	-
파와나쑨	하양	-
파타까위	노랑	-
파이칫뜨라쑨	하양 혹은 초록	-

⑥ 세로 모양의 홈이 있는 호리병 모양의 끝이 뾰족한 왕관

명칭	색깔	무기나 탈것
반라이칸	빨강	곤봉과 활
라스티안	하양	-
와이야빅	자주	-

⑦ 대나무 덮개 모양의 끝이 뾰족한 왕관

명칭	색깔	무기나 탈것
톳싸카리완	초록	-
톳싸키리톤	흙빨강	-
파룻	자주	-
라마쑨	초록	-

⑧ 모서리가 세 개 있는 뾰족한 왕관

명칭	색깔	무기나 탈것
탑나쑨	주홍	활과 화살
싸와후	초록	곤봉
마릭	흙 빨강	곤봉

⑨ 인트라칫 그리고 인트라칫과 비슷한 왕관

명칭	색깔	무기나 탈것
인트라칫	초록	활과 화살
쑤리야폽	빨강	멕카팟이라는 끈
파이나 쓰리윙	초록	빨간 줄무늬가 있는 말
위룬팟	초록	-

4. 맺음말

지금까지 태국의 가면 중 '콘'무용극에 사용하는 '후어콘'이 나타내고 있는 상징과 조형미를 중심으로 살펴보았다. 본 글은 '콘'가면 제작의 발전이나 기술에 대해서는 언급하지 않았다. 최근의 '콘'공연에 있어서는 띠우펫(Tiew Pet)과 짱끼양(Chang Kiang) 계급의 원숭이 병사들은 선호하지 않으며 따라서 무대에 나타나지 않는다. 이러한 몇 가지 변화들은 '콘'연기자들의 가면과 의상에도 영향을 미치고 있다. 전통적인 원칙과 일치하는 변화는 환영받아야 하는 것이 당연한 것이지만, 그러나 무지와 잘못된 생각으로 기인된 변화가 있다는 것은 개탄할 만한 일이라는 것이 태국 '콘'전문가들의 일치된 견해이다.

그러나 권위 있고 숙련된 장인들의 이론적 원칙이 고수되어지는 한 '후어콘'은 전통적인 형태를 보존할 수 있을 것으로 생각된다. 실제로 많은 '콘'연기자들을 어렵게나마 구별할 수 있지만 청중들은 결코 혼란스러워 하지 않는다. 그 이유는 '콘' 연기자들이 유사한 가면과 의상으로 동시에 무대에 모습을 보이지는 않기 때문이다. '콘'무언극과 같은 대작의 장면에서는 같은 가면과 의상을 착용한 연기자들은 결코 발견할 수 없다.

참고문헌

Dhanit Yupho. 1970. Khon Masks(Bangkok: The Thai Farmers Bank, Ltd.)

Somsak Tantikun. 2001. Nangsu Meoradok Changsin Thai(태국 예술 장인의 유산)(Bangkok: Thaiwattanapanich Press)

http://kin.naver.com/open100/db_detail.php?d1id=11&dir_id=110107&doci

http://www.finearts.go.th/%7Eopa/khon.html

http://www.culture.go.th/knowledge/dance/fr5.htm

http://yalor.yru.ac.th/~jaran/data/thai_culture/kon/index.htm

http://cultural.payap.ac.th/docu/performance_history/130.pdf

http://thaikhonmask.pantipmarket.com/

http://www.thaifolk.com/thaifolk.htm

http://art.hcu.ac.th/khon/index01.html

http://www.aksorn.com/lib/libshow.asp?sid=960&sara=&level=p

http://www.aksorn.com/lib/libshow.asp?sid=257&sara=art_03&level=s

제 2 부

아시아의 문학·음악·무용

중국소설 〈삼국지〉와 판소리 〈적벽가〉_서종문

인도의 고대서사시 〈라마야나〉_이재숙

도교의 의례와 음악_고은강

최승희와 북한의 춤_김채원

한국의 처용가무극_박진태

Chapter 1

중국소설 <삼국지연의>와 판소리 <적벽가>

서 종문

1. 동북아시아 문학과 <삼국지연의>

<삼국지연의(三國志演義)>는 중국에서 탄생된 서사물이다. 이는 한(漢)나라 말기에 황건적(黃巾賊)이 일어나 중국의 질서가 뒤흔들릴 때에 이러한 혼란을 이용하여 새로운 세력으로 등장하려고 나서거나, 기존의 질서를 회복하고자 애썼던 영웅들의 활약을 담고 있다. 실제의 역사서인 <삼국지(三國志)>와 나란히 <삼국지연의>는 이 시기를 복원하여 이해하는 데에 중요한 자료가 되기도 하지만, 후자의 경우는 역사적 사건을 소재로 삼아서 소설로 전환된 뒤에 오늘날까지도 독서물로 인기를 유지하고 있는 작품이 되었다.

중국에서 송나라에서 청나라에 이르기까지 장구한 세월 동안 <삼국지연의>는 그 내용이 첨가되고 수정되면서 수많은 판본을 형성해온 작품이 되었다. 워낙 그 내용이 독자의 흥미를 이끌게 되어 있는 작품이라, 한국에도 조선조에 이 작품이 소개되고 곧 지식인들이 많이 감상하게 되었다. 조선조의 명종(明宗) 때에 <삼국지연의>가 전래되어 수용되기 시작했다. 중

국의 역사에 관심이 많았던 우리나라 지식인들은 이 작품에 대단한 흥미를 느꼈을 터이다. 따라서 이 작품이 우리나라에서도 인기 있는 독서물이 되었으리라는 점을 미루어 짐작하기 어렵지 않은 일이다.

국내에 유입된 이래 번역물과 재창작에 이르는 수많은 방출적 수용체(放出的 派生體)와 수용적 변용체(受容的 變容體)[1]를 남겼다. 즉 한문 해독이 가능한 독자들에게는 한문 원문이 잘 해석되도록 하는 수준에서 이 작품이 소개되었는데, 이것이 방출적 수용체의 사례들이다. 예컨대 <삼국지연의>의 원문에 해독이 잘 되도록 현토(懸吐)를 해놓은 작품들이 그러한 사례에 속한다. 그런데 이 작품이 광범위한 독자층을 형성하는 과정에서 국문표기로 전환되는 게 자연스럽게 이루어졌다. 국문표기로 전환되면서 흥미로운 대목에서는 확장이나 변모가 이루어지게 되는데, 수용적 변용체가 그렇게 나타난 사례들이라고 할 수 있다.

국문표기로 전환되는 수용적 변용체에서는 <삼국지연의>에서 역사적 사실을 근거로 허구적인 상상력이 가미된 부분들이 더욱 확장되는 경향이 나타나기 시작했다. 여기에는 국문소설 중에서 인기가 있었던 작품과 결합해서 새로운 작품으로 나타난 경우까지 포함된다. 제갈공명의 부인인 주인공으로 설정되어 <박씨전>과 유형이 닮은 <황부인전>이 나타난 것이 그 대표적인 사례이다.[2] 특히 소리판에서 <삼국지연의>의 한 부분

1) 비교문학 연구에 쓰이는 용어이다. 방출적 파생체는 영향원천인 방출체(emeteur)에 보다 가까운 파생체다. 예컨대, 원본에 충실한 <삼국대전> 등을 들 수 있다. 수용적 변용체는 수용자(recepteur) 쪽으로 심하게 이끌린 변용체를 말한다. 판소리 사설 <적벽가>는 후자에 속한다.

을 소리꾼들이 부르게 되자, 이러한 현상은 더욱 가중되어 증가되었다. 여기에서 집중적으로 살펴볼 대상으로 잡은 <적벽가(赤壁歌)> 계열은 그러한 점을 잘 드러내고 있다. 따라서 <적벽가(赤壁歌)> 계열은 <삼국지연의>의 국내적 해체의 한 양상을 잘 보여주고 있는 것이다.

<삼국지연의>에서 <적벽가(赤壁歌)> 계열이 생성되어 나온 사실을 살펴보면 동북아시아의 문학이 교류를 펼쳐온 모습을 알게 될 터이다. 또한 각기 다른 문화와 언어 사이에서 하나의 작품이 어떻게 변용을 일으키면서 교류가 되는가도 이해할 수 있을 것이다. 또한 한문으로 쓰인 <삼국지연의>가 소리판에서 우리말로 된 일상구어체로에 의해서 어떻게 해체되었는가라는 점에서도 이러한 점이 흥미있게 다루어질 수 있을 터이다. 그러한 점은 <삼국지연의>와 이에 대응되는 <적벽가>를 구체적으로 비교하여 알아볼 필요가 있다.

이것은 동북아시아의 문학에서 <삼국지연의>가 차지하는 비중을 보여주면서 동시에 우리나라에 이 작품이 유입되어서 어떠한 영향을 미치게 되었는가를 구체적으로 보여주는 일이다. 아무리 영향력이 큰 작품이라도 다른 문화권에서는 단순하게 모방하는 결과만 초래하지는 않는다. 이른바 새로운 문화적 응전이 여기에서 생기게 마련이다. <삼국지연의>가 우리나라에 유입되면서 단순하게 이를 복사하거나 모방하는 반응뿐만 아니라, 이를 변용하여 우리 문학과 연접시키는 반응도 뒤따랐다. 이점이 새로운 문화적 응전이라 하겠다.

---

2) 조선조의 여성독자들이 고전소설에서 여성영웅을 주인공으로 삼은 작품을 선호했기에 여성등장인물이 거의 나타나지 않은 <삼국지연의>에서 <박씨전>의 유형을 빌려와 <황부인전>이 나타날 수 있었다.

2. <삼국지연의>의 한국적 변용

조선조 명종 때 이미 그 유입이 확인된 <삼국지연의>는 독서물로서 광범위하게 영향을 끼쳤다. 이 과정에서 변화가 일어나서 다양한 변모가 나타났다. 작품 안에 등장하는 인물을 중심으로 하나의 작품이 형성되기도 하고, 작품의 주요부분을 토대로 따로 하나의 작품으로 전환되기도 하였다. 이러한 변화는 먼저 독서물의 형태로 이루어졌을 것으로 추정된다. 중국문화에 대하여 매우 존숭(尊崇)하는 태도를 보였던 조선조 지식인들은 <삼국지연의>에 대해서도 예외는 아니었을 터이다.

<대담강유실기(大膽姜維實記)>, <관운장실기(關雲長實記)>, <조자룡실기(趙子龍實記)>, <위왕별전(魏王別傳)>, <황부인전(黃婦人傳)> 등은 <삼국지연의>에 등장하는 주요인물을 중심으로 하나의 작품으로 형성되어 나간 경우이다. 이에 비해서 <적벽대전(赤壁大戰)>, <산양대전(山陽大戰)>, <화용도(華容道)> 등은 작품의 주요부분을 토대로 해서 하나의 작품으로 전환되어 나간 경우이다. 이러한 작품들은 독서물로 읽히는 소설로 인식되는 것들이다. 이러한 작품들이 일정 부분에서 한국적 변용을 보인다는 점은 이미 여러 연구를 통하여 확인되었다.[3)]

---

3) 이 가운데서 <황부인전>이 특히 주목할 만하다. 제강공명(諸葛孔明)의 부인으로 설정된 <황부인전>의 주인공인 황부인은 진수(陳壽)의 <삼국지>의 촉서(蜀書) 열전(列傳)의 제강량(諸葛亮)편의 양양기(襄陽記)를 인용한 각주에서 당시의 현자였던 황승언(黃承彥)의 딸로서 제갈공명의 부인이 된다는 간략한 언급이 있을 뿐이나, 조선조의 여성영웅소설의 대표격인 <박씨전(朴氏傳)>과 유형적으로 연결되는 소설 속에서는 제갈공명의 지략을 도우는 인물로 작품을 주도하는 인물로 형상화되었다.

조선조 후기에 매우 왕성하게 공연되고 감상되었던 판소리의 대본으로 <삼국지연의>의 일부분이 차용되어 작품화된 사례가 나타났다. <적벽가>라는 작품이 바로 그것이다. 이 작품은 <삼국지연의>에서 적벽대전을 주요 소재로 삼았다. 이 부분은 가장 극적인 사건과 장면이 중첩되어 엮어진 부분이기에 판소리 공연의 대본으로 적합하게 선택될 수 있었던 것으로 보인다.[4] 이 작품에서 한국적 변용이 다면적으로 진행되었다는 점은 우리의 주목을 요하는 일이다.

이러한 변용 현상에서 가장 주목되는 점은 판소리라는 공연물의 성격에 이끌려서 일어난 변화이다. 잘 알려진 바와 같이 판소리는 소리를 부르는 소리꾼 한 사람과 이에 북 장단을 맞추는 북잡이 한 사람이 소리판을 구성하여 공연하는 형태를 갖추고 있다. 한 사람의 소리꾼이 소리와 표현 동작을 활용해서 공연을 생성해 나가기 때문에 청중들의 관심을 끌기 위해서 흥미를 고취시키는 부담을 안게 된다. 이 때문에 판소리꾼들은 이미 존재했던 작품이라도 소리판의 분위기를 고조시키는 방향으로 사설을 다시 짜서 청중들에게 다가갔을 터이다. 예컨대 <심청가>의 경우에 기존에 독서물로 향유되었던 <심청전>에는 등장하지 않았던 뺑덕어미(뺑파)라는 희극적 인물을 등장시켜서 소리판에 모인 청중들의 흥미를 이끌어내려고 했던 사례 등에서 이점은 확인된다.

<삼국지연의>의 일부분이 차용되어 <적벽가>라는 작품을 공연하는 판소리 창자는 이밖에도 다른 부담을 안게 되었다. 그

---

4) 이것은 독서물로 읽힌 <적벽대전>, <산양대전>, <화용도> 등의 내용과 유사한 부분이 판소리 대본으로 선택되어 공연물에 적합하게 변용된 것이다.

것은 한문으로 구성된 <삼국지연의>의 일부를 소리판에서 양반사대부를 비롯한 지식인 청중들에게 소리로 표현해야 하는 데에서 느끼는 부담이 다른 판소리 작품을 부를 때보다 더 크게 다가왔을 터이다. 대체로 판소리 창자들의 지적 수준은 한문으로 된 <삼국지연의>를 완전하게 해독하는 데에는 장벽이 되었을 터이다. 왜냐하면 전문적으로 한문교육을 받지 않은 판소리 창자들의 한문 이해력이 그리 높지 않았기 때문이다. 이 때문에 판소리 창자들은 <삼국지연의>의 일부분을 <적벽가>로 전환시키는 데에 감상층인 양반사대부와 지식인들의 도움을 받기도 했다.

여기에서 우리는 <적벽가>에 나타나는 한국적 변용의 본질을 이해하는 단서를 얻을 수 있다. 우선 <삼국지연의>를 구성하고 있는 한문의 문장 구성을 한국어로 용해하여 이를 판소리의 사설로 재구성하는 일이 필요하게 되었다. 이와 함께 소리판이 지루하지 않게 청중들을 즐겁게 만들 요소를 창출해야만 했을 것이다. <삼국지연의>에서는 무명으로 등장하는 군사들이 <적벽가>에서는 이름을 지닌 인물로 전환한다든지, <삼국지연의>에서는 전쟁영웅들의 영웅적 행위를 장식하는 데에 그친 군사들의 모습이 <적벽가>에서는 조조와 맞서서 전쟁의 부당함을 알리는 기능을 강화하는 등의 변화가 이러한 필요 때문에 창출된 사례들이다. 그 결과 <적벽가>는 <삼국지연의>를 바탕 삼아 태어났지만 독자적인 작품 세계를 재구축하여 새로운 모습으로 나타나게 되었다.

3. <적벽가>에 나타난 변모

이제는 <적벽가>에서 <삼국지연의>의 일부분이 어떻게 선택되고 어떠한 변용을 보이면서 소리판에서 불리게 되었는가를 구체적으로 살필 차례이다. 유비(劉備)가 오(吳)나라의 손권(孫權)과 손잡고 천하를 삼분하여 장차 한나라의 중흥을 꾀하려고 하고, 이를 저지하기 위해서 조조(曹操)가 백만 대병을 이끌고 적벽에서 전투를 벌이는 전후의 서사는 그 자체가 하나의 극적 구성을 보여준다. 이 부분이 <적벽가>에 선택된 것은 소리판의 흥행성을 위해서는 적절한 일이라 생각된다.

이는 <삼국지연의>에서 '유현덕삼고초려(劉玄德三顧草廬)'로부터 '관운장의석조조(關雲長義釋曹操)'에 이르는 부분이 선택적으로 축소되고 요약되면서 집중화되는 현상이 <적벽가>에 일어나고 있다.[5] 서두에서 '연도원호걸삼결의(宴桃園豪傑三結義)'이 짧게 인용되는 부분도 나타나지만, <적벽가>를 구성하는 주된 서사의 골격은 적벽대전이라는 사건을 중심으로 짜여 있다. <삼국지연의>에서 <적벽가>로 전이(轉移)되면서 축약되고 변모된 작품구조의 양상은 각각의 이본에 따라 부분적인 차이를 보이고 있다.[6] 이러한 구조는 소리판의 개방성 때문에 점차 다른 요소에 의해서 재구성되면서 <적벽가>의 사설을 형

5) 이는 나관중(羅貫中)이 편찬하고 모종강(毛宗岡)이 비평하고 요빈(饒彬)이 교정한 <삼국연의>에서는 37회에서 50회에 걸치는 서사적 길이를 지닌 부분이다.

6) 완판 <화용도>, 신재효본 <적벽가>, 딱지본 <화용도실기>에는 원본의 중요한 내용은 거의 누락시키고 있지 않으나, 필사본 <적벽가>, 필사본 <화용도>, 딱지본 <적벽가>에는 제갈공명의 영웅적인 모습을 부각시키는 설전군유(舌戰群儒) 등이 빠져 있다.

성해 나가는 얼개를 구성해 나가는 형태를 보여준다.

우선 등장인물들의 변모가 진행되어 <적벽가>에서 주목할 변화를 야기하게 된다. 원본인 <삼국지연의>는 전쟁영웅들의 이야기를 담고 있다. 그렇기 때문에 군사들의 역할이란 영웅적 행위를 장식해 주는 기능에 불과했다. 그러나 국내본의 <적벽가> 계열에서 군사들은 패해서 달아나는 조조와 대립하는 기능[7]을 지닌 인물로 창조되고 있다. <적벽가> 계열이 보여 주는 변용양상은 이것이 <삼국지연의>의 단순한 모방일 것이라는, 소박하고도 손쉬운 추측을 거부하게 만든다. 국내본 <적벽가> 계열은 <삼국지연의> 중에서 가장 흥미롭고 극적인 전개를 갖춘 적벽대전 부분이 국내에 수용되는 과정에서 작품 내의 질서를 파괴당하고 재창조된 것이다. 이점은 아래에서 살필 수 있다.

> 가) 엄동설ᄒᆞᆫ 이 시절에 ᄉᆡ가 분명 업슬 터나 적벽 오림 호노곡에 원통이 죽은 군ᄉᆞ 원죠가 되야 나서 조조의 허다 되목 죠롱ᄒᆞ야 ᄭᅮ진ᄂᆞᆫ다.....(중략).....농ᄉᆞᆫ앵무 능언어 저 잉무가 말을 ᄒᆞᆫ다. 적벽강 ᄑᆡ군덜아 너의 고향 어ᄂᆡ 곳고. ᄀᆡᆨᄉᆞ전장ᄒᆞ다 ᄒᆞ고 일봉셔를 써서 주면 너의 집 도장 안에 나라가서 젼ᄒᆞ마. 어사부중오야제 져 오작이 죠롱ᄒᆞᆫ다. 여보쇼 조승상아, ᄂᆡ 소ᄅᆡ를 이젓ᄂᆞᆫ가. 월명성희 집픈 밤에 요수숨겹놉피 ᄯᅥ서셔 ᄡᅡ오면 망ᄒᆞ리라 아니 일너ᄂᆞᆫ가. ᄂᆡ 소ᄅᆡ를 안 밋다가 저 ᄭᅩᆯ이 원 ᄭᅩᆯ인가.[8]

---

7) 국내본 <적벽가> 계열에서는 화용도로 패해서 달아나면서도 허풍을 떠는 조조와 이에 맞서서 자신들의 주장을 펴는 군사들이 생생하게 형상화되어 나타나고 있는 점을 말한다.

8) 이 자료는 19세기 때 고창에서 판소리 사설을 정리했던 신재효가 남긴 <적벽가>의 일부분이다.

위의 자료는 19세기에 고창 향리로 살아가면서 판소리 사설을 고쳐서 가다듬어 남긴 신재효 <적벽가>의 일부분을 원문에 띄어쓰기를 하여 소개한 것이다. 각종 새를 등장시켜서 조조가 권력욕과 개인적 야망 때문에 의롭지 않은 전쟁을 일으켜서 백성들을 죽음의 구렁텅이에 내몰았다는 점을 신랄하게 비판하는 대목이다. 여기에는 전쟁에 동원되어서 삶의 터전을 파괴당하고 목숨까지 잃게 되어 고향에도 못 돌아가는 군사들의 처지를 그려내어 덧붙이고 있다. 이러한 내용은 <삼국지연의>에는 나타나 있지 않은 것이다. 즉 <삼국지연의>에 나오는 적벽대전을 판소리화한 <적벽가>에서 새롭게 생성되어 나온 것이다. 여기에는 전통적으로 불렀던 '새타령'을 활용하여 의롭지 않은 권력의 상징인 조조를 풍자하고 이러한 권력의 횡포에 고통 받는 군사들에게 동정을 보내는 관점이 뒷받침되어 있다.

이밖에도 <적벽가>에는 '장승타령', '배타령' 등 독립되어 불릴 수 있는 삽입가요에 의해 <삼국지연의>의 작품구조의 균열이 일어나고, 이 균열 속에 군사들의 자탄사설이 들어 와서 견고하게 작품질서의 밑바탕에 가라 앉아 있다. 여기에서 우리는 '장승타령'에서 우리의 문화를 대표하는 장승을 소재로 채택하여 조조를 풍자하고 군사들의 고단한 모습을 그려내고 있는 점에 주목하게 된다. 즉 청중들에게 익숙한 고유문화의 요소를 동원하여 <삼국지연의>를 해체하고 그러한 해체를 자연스럽게 청중들이 받아들이도록 하면서 이러한 변화를 이끌어내는 것이다.

이렇게 작품의 질서를 파괴하는 힘은 <삼국지연의>에 등장하는 인물과 그들의 행동을 변용시켜서 새로운 작품질서를 구축한 것으로 생각된다. 자료에 따라 정도의 차이는 보이지만 화용도로 패해서 달아나는 조조가 <적벽가>에서는 비속화되고 희화화되고 있다. 이에 비하여 군사들은 놀랍도록 생생하게 조조와 대립적으로 형상화되고 있음을 찾아낼 수 있다. 이를 구체적으로 알아보자.

나) 조조가 깜작 놀라 마하에 써러지니 정욱이 뭇ᄌᆞ오ᄃᆡ, 승상임 평싱 힝셰 어양도 하만ᄒᆞ여 웃기도 하잘ᄒᆞ고 불시에 조와ᄒᆞ고 불시에 나져ᄒᆞ니 측냥ᄒᆞᆯ 수 업소. 즉금 ᄒᆞᄂᆞᆫ 저 ᄌᆞ조는 남도르잔 궤술이오. 적벽강불에 ᄀᆞᆫ담 놀ᄂᆡ 지랄병을 어더섯쇼? 웨 공연이 안저싸가 솔방울 모양으로 쑥 써러저 굴어가오.[9]

다) 골내종이 어이없어 물그럼이 보더니 "승상님 눈조가 인장식허게 되았소."........"네가 내 군사 같으면 회쳐 잡수시오." "애, 그게 웬 소리냐?" "아니요. 아까 병든 군사는 끓이라고 허더니, 성하다기에 우터워하는 소리요."[10]

위의 나)는 신재효가 판소리 <적벽가> 사설을 정리한 부분이다. 여기서 조조는 휘하의 정욱(程昱)에게 조롱당하는 모습을 적나라하게 드러내고 있다. 물론 <삼국지연의>에는 이러한 내용은 없다. 밑줄 친 부분에서는 정욱이 조조를 지랄병 얻은 환자로 격하시키고 있다는 점은 이러한 변용의 일단을 잘 보여주고 있다. 여기에서 판소리를 듣는 청중들은 웃고 즐기게 된다. 그러나 여기에서 생성되어 나오는 작품의 의미는 의미심

9) 이 부분은 신재효가 남긴 <적벽가>의 한 부분이다.
10) 이 부분은 김연수 명창이 남긴 소리 <적벽가>의 한 부분이다.

장한 것이다. 가장 믿고 따르는 심복부하인 정욱이 이런 소리로 조조를 병신처럼 묘사한다는 것은 작품에서 조조라는 인물을 한없이 추락시키는 일이 아닐 수 없다. 이 부분에서는 다시 고쳐 쓴 신재효의 의식이 숨겨져 있기도 하지만, 이러한 부분이 생겨난 까닭은 최고 권력층에 앉아 있으면서 중국을 통일하려는 야욕 때문에 백성들을 전쟁터에 내모는 조조에 대한 부정적인 인식을 드러내려고 했기 때문이라 하겠다.

다)는 화용도로 패주한 조조가 군사 점고를 하는 장면에서 군사들이 대드는 장면이다. 이러한 부분과 인물간의 설정도 <적벽가>에서 새롭게 생성된 것이다. 여기에서 군사들은 조조와 대등하게 대립하면서 놀랍도록 생생하게 살아나오고 있다. 이것은 또 다른 측면에서 깊이 음미할 의미를 지니고 있다. 전쟁터에서 겨우 살아온 군사를 끓여먹겠다고 농담하는 조조의 말을 통하여 조조의 잔인한 성격을 드러낼 뿐만 아니라, 여기에 당당하게 주고받는 군사들의 언동을 통하여 부당한 권력의 횡포는 용납할 수 없다는 관점이 숨겨져 있는 셈이다.

이러한 변모는 문체적인 면에서도 우리에게 주목할 점을 내보이고 있다. 나)와 다)의 예문에서 볼 수 있듯이 <적벽가> 계열 작품에서는 군사들과 조조가 대립하는 갈등상을 나타내는 데 있어서 우리말로 된 일상구어체(日常口語體)로 된 문체의 효과적인 뒷받침을 받고 있다는 점을 잘 보여주고 있다. 따라서 원본 <삼국지연의>가 보유하고 있는 장중하고 숭고한 미감은 이러한 일상구어체에 의해 깨뜨려지고 있다.[11] 즉 경박하고

11) 장중하고 숭고한 미감은 구어체보다 문어체 문장에 더 잘 보존되는 것 같다. 딱지본인 <화용도실기>, <삼국대전>은 한문현토식의 문어체 문장이 주류를 이루고 있어 원본 <삼국지연의>의 장중하고 숭고한

해학적인 미감이 한문으로 된 문어체(漢文文語體)로 이루어진 <삼국지연의>의 작품을 해체하면서 <적벽가>로 전환되면서 우리말로 이루어진 일상구어체로 표출 되는 것이다. 이러한 점을 더 자세하게 알아보기 위해서 다음 자료를 살펴보기로 한다.

라) (중중몰이) 박덜렝이가 들어온다. 박덜렝이가 들어온다. 부러진 창대를 거꾸로 짚고, 두 눈을 부릅뜨고 덜렁거리고 들어와, 조조 앞에 우뚝 서 "예이!" 허고 달려든다. (아니리) 조조 보고 질색허여, "아이고, 저거, 저저거 저저 장비 군사 아니냐?" 박덜렝이가 하는 말이 "아니 늬 아들놈이 장비 군사란 말이요? 조조 군사지, " "네 이놈 '조조'라니" "아, 이녁 군사도 몰라본단 말씀이요?" "늬가 내 군사 같으면 왜 그리 성하냐?" "아, 성하거든 회쳐 잡수시요," "이 애, 그게 웬 말이냐?" "아까 병든 놈은 국 끓여 먹는다 했으니 성한 놈은 회 쳐 잡숴야지요," "너는 별로 성하기에 반가워 허는 말이로다." " 아 군사놈들이 모도 미련해서 죽고 병신되고 그러지요. 말이 났으니 말이제, 한참 싸울 때에 살짝 빠져 산꼭대기에 올라가 내려다보면 싸움굿인즉은 제일 좋습니다. 쟁 치면 앞장서서 들어와서 혹은 먹고," "저놈 저 매우 실군사놈이로구나. 네 이놈, 창날은 어쩌고 창대만 지팽이 삼았느냐?" "아, 오다가 창날은 배 고파서 밥 사먹고, 술 사먹고, 남은 돈으로 바늘 한쌈 샀지요," " 이 난리통에 바늘은 어따 쓸라고 샀는고?" "어떤 염병 앓다 죽을 놈이 이렇게 지는 전장통에만 있으리까? (늦은 중몰이) 우리 집 돌아가면, 그립던 마누라가 우루루루루 달려들어, 우수로 손길 잡고 좌수로 목을 안어, '반가워라, 반가워라, 천리 전장 갔던 낭군 살어오니 반가워라'. 눈물로 반길 적에, 이 바늘을 정표 주고 사시 의복 지어 언어 입어가며 알뜰살뜰 살어볼라요." (아니리) 조조 듣고, "그놈 장히 치산가로구나, 저놈 내보냄과 동시에 구연장을 잔뜩 진껴라."

미감을 잘 보존하고 있는 것 같다.

위의 라) 부분은 정광수 명창이 불렀던 <적벽가>의 한 부분이다. 우리는 이 부분에서 조조라는 등장인물과 박덜렝이라는 등장인물 사이에 주고받는 대화가 두 인물의 관계와 그 의미를 우리말로 생생하게 표출시키고 있다는 점에 주목할 수 있다. 앞에서 살펴본 다) 부분과 같이 여기에서 우리는 의롭지 않게 획득된 권력과 그 힘을 부당하게 사용하는 인물로 설정된 조조에 맞서는 군사들의 모습을 통하여 권력의 횡포에 현명하게 대처하는 민중의 모습을 확인하게 된다.

그런데 라)는 <삼국지연의>의 일부분이 소리판에서 어떻게 변화하고 그 동인이 무엇인지를 짐작하게 만드는 요소를 지니고 있다. 이 부분을 읽어만 보아도 독자들은 사람에 따라 미소를 머금거나 크게 소리를 내어 웃게 되리라고 생각된다. 소리꾼들은 소리판에서 청·관중을 웃고 울리면서 판을 끌고 가야만 한다. 여기에 소개된 사설은 그러한 웃음꺼리를 제공했던 흔적을 보여주는 부분이라고 말할 수 있겠다. 다소 경박스러운 분위기와 해학적인 미감이 라) 부분에서 느껴지는 것은 소리판에 모인 청·관중에게 재미와 흥미를 고취시키기 위해서 소리꾼들이 사설을 이렇게 짜 나갔기 때문일 것이다.

사실 <삼국지연의>에서 이 부분이 생성되어 나온 곳에서 조조의 비장한 모습으로 등장하기에 독자들은 이러한 분위기와 미감과는 전혀 다른 느낌을 받게 될 터이다. 그 점을 알아보기 위해서 원문을 살펴보기로 한다.

마) 이 때 군사들은 배가 고파 쓰러지고 말조차 죄다 힘이 빠져 버렸다. 불 속에서 머리가 까맣게 타버리고 이마에 화상을 입은 군사들이 지팡이를 짚고 걸어가고, 활 맞은 자 창에 찔린 자들도 억지로 걷

게 하면서 도주했다. 갑옷은 습기가 차서 온 몸이 젖어 어느 누구도 온전한 자가 없었다. 무기며 깃발도 이리저리 제멋대로 들려져 엉망이었다.(此時人皆飢倒 馬盡困乏 焦頭爛額者扶策而行 中箭着槍者勉强而走 衣甲濕透 個個不全 軍器旗幡 紛紛不整)

바) 조조가 성난 목소리로 군사들이 좁은 산길로 난 잔도를 따라 나아가도록 명령했다. 죽는 군사들이 수도 없었다. 울부짖는 소리가 끊이지 않았다. 조조가 화를 내어 소리쳤다. 죽고 사는 것은 하늘에 달렸다. 어찌 이리 소리쳐 운단 말인가. 다시 울부짖는 자는 목을 베리라. 군사를 세 부대로 나누어 한 부대는 뒤를 살피게 하고, 한 부대는 도랑과 구덩이를 메우게 하고 한 부대는 조조를 뒤따르게 했다. (操喝令人馬沿棧而行 死者不可勝數 號哭之聲於路不絶 操怒曰 生死有命 何哭之有 如再哭者入斬 三停人馬 一停落後 一停塡了溝壑 一停跟隨曹操)

마) 부분은 조조가 적벽 전투에서 화공(火攻)을 당하여 수많은 군사들이 죽고 겨우 살아남은 부대를 이끌고 나올 때의 상황을 묘사하고 있다. 여기에 부상당한 군사들의 모습과 이들이 처한 곤경이 구체적으로 묘사되기는 하지만, <적벽가>의 가), 나)와 다), 라) 부분과 같이 막하의 참모들과 군사들이 조조와 다투거나 비판하는 점은 찾을 수 없다. 우리는 여기에서 <삼국지연의>의 일부분이 <적벽가>에서 어떻게 변모되고 있는가를 잘 알게 된다.

바) 부분은 <삼국지연의>에서 조조가 적벽대전에서 크게 패배하여 패잔병을 거느리고 화용도로 도망가는 길에 수많은 군사들이 죽어나가는 상황을 서술하고 있는 부분이다. 여기에서도 조조 부대 군사들의 비참한 처지와 이를 무시하고 어떻게 하든지 활로를 찾으려는 조조의 모습이 절실한 목소리를 통하

여 나타난다는 점을 확인할 수 있다. <적벽가>의 라)에서 나타났던 조조와 군사들 사이의 대화 내용은 여기에서 도무지 찾을 길 없다.

이러한 점은 <적벽가>의 가), 나)와 다), 라)와 같은 부분들이 <삼국지연의>의 마)와 바)와 같은 서사물을 해체하여 소리판에 적합하게 변용시켜서 나타날 수 있었다는 사실을 분명하게 보여준다. 그것은 우리나라의 민속적 소재인 장승을 동원하여 의롭지 않은 권력의 상징인 조조를 풍자하고 이러한 권력의 횡포에 고통 받는 군사들에게 동정을 보내는 관점을 내보이는 데에서 이미 확인한 바이다. 소리꾼들은 소리판의 재미와 흥미를 고조하기 위해서 가), 나), 다), 라)와 같이 조조와 막하참모, 군사들 사이에서 웃음을 일이키는 재담(才談) 성격의 대화를 생성시켰던 것이다.

4. <삼국지연의>에서 <적벽가>가 생성된 의의

중국의 역사적 사건과 인물이 소재로 선택되어 형성되었던 <三國志演義>가 한국에 유입되어 등장인물이나 사건을 중심으로 재창조되어 향수 되었던 사안에 대해서 그 의의를 알아볼 때가 되었다. 우선 일반적으로 동양인들이 역사적 사건이나 인물에 대해 흥미를 보이면서 그러한 내용을 지닌 독서물을 선호하는 바가 이를 통해 확인된다는 점이다. 우리나라 고전소설의 상당수가 역사적 사건이나 인물을 소재로 형성되었다는 점이 이를 잘 보여주고 있다.

물론 이러한 작품을 선호하는 데에는 조선조의 지배이념을 주로 공급했던 주자학적 역사관도 한몫을 했다고 본다. <적벽가>를 소개하는 조선후기의 지식인이 내보이는 관점에서 우리는 이점을 알아볼 수 있다.

秋雨華容走阿瞞
髯公一馬把刀看
軍前搖尾眞狐尾
可笑奸雄骨欲寒[12)]

가을비 내리는 화용도로 조조가 도망가네.
말 위의 관우가 청룡도 잡고 지켜 있네.
군사들 앞에 꼬리 내려 애걸하니 그 모습 여우 꼬리 같구나.
우습다, 간사한 영웅 뼈골이 서늘해졌다네.

위의 작품은 조선조후기를 살아갔던 송만재(宋晩載)라는 사람이 판소리를 소개하면서 <적벽가>를 어떻게 보고 있는가를 살필 수 있게 만들었다. '염공일마파도간(髯公一馬把刀看)'라는 구절을 통하여 그는 의리의 화신인 관운장을 높이고, '가소간웅골욕한(可笑奸雄骨欲寒)'라는 구절에서는 조조를 간웅(奸雄)으로 파악하는 관점을 내보였다. 이러한 관점은 송나라의 주자(朱子)가 삼국의 인물을 평가하는 관점과 통한다. 주자학에서 벗어난 주장과 관점은 사문난적(斯文亂賊)으로 몰아붙였던 조선조의 지식인 사회를 염두에 두면 이러한 관점은 보편적인

12) 송만재(宋晩載)가 과거에 급제한 자식에게 문희연(聞喜宴)을 열어줄 형편이 되지 못해서 관우희(觀優戲)라는 장편 악부시(樂府詩)를 지었다는 작품으로 전해지는 것이다.

것으로 보인다.

이러한 일반적인 관점에서 더 나아가서 <삼국지연의>의 일부가 <적벽가>로 재창조된 점은 어떤 의미를 지니는가를 생각해 본다. 우선 원본보다도 군사들의 모습이 더 발랄하게 형상화되어 조조와 대립하는 구조를 창출했다는 점이 주목되는 일이다. 이는 조선조 후기의 사회적 변화가 예술 쪽에 반영된 결과로 이해할 일이다. 조선후기에 오면 중인 이하의 계층이 그들이 축적한 경제적 토대에 힘입어 양반 사대부와 왕족이 향유한 예술에 접근하는 현상이 나타나는 데, 이러한 형상도 그런 배경 아래서 이해할 점이다.

양반사대부를 비롯한 지배계급의 청중들에게는 조조를 부정적으로 표출함으로써 유비를 정통으로 보는 주자학적 관점으로 접근함으로써 그들의 환심을 살 수 있었을 터이다. 그렇지만 중인(中人)과 요호부민(饒戶富民)을 포함하는 일반청중들에게는 조조에게 맞서는 군사들의 생동감 넘치는 모습이 더 환영받을 만했을 것이다. 소리꾼들은 서로 다른 청중의 욕구를 <삼국지연의>의 조조와 <적벽가>의 군사들 모습을 결합시켜서 더욱 흥미로운 소리판을 열어나가려고 애썼을 터이다. 그러한 결과가 <삼국지연의>에서 <적벽가>로 변용되는 과정에서 생성되어 나온 것이다.

<삼국지연의>의 일부가 <적벽가>로 재창조되었던 일은 일차적으로는 판소리 대본화하는 과정에서 일어나는 현상이었다. 여기에서 우리는 문화적 측면에서 이점을 이해하게 된다. 한문 문어체를 몸 입고 있는 <삼국지연의>의 일부가 일상구어체로 해체되면서 <적벽가>로 전환되었다는 것은 한문화를 수용하여

자국어(自國語)로 전환시키는 현상의 하나로 볼 수 있는 것이다. 여기에서 나타난 특징은 외래문화를 자생적 문화 안에 이끌어 들여 수용하였다는 점에서 찾을 수 있다.

동북아시아에서 중국의 문화와 문학이 한국이나 일본의 지식인들에게 영향을 끼친 것은 잘 알려진 사실이다. 단순한 모방적 영향에서 창조적 수용에 이르는 반응은 <삼국지연의>가 우리나라에 유입되면서 그 영향을 받아서 나타난 결과물에서도 확인되었다. 이에 대해서 독자들이 어떻게 반응하고, 지식인이 어떻게 문화적으로 응전해 나갔는가를 살피는 과정에서 이모저모로 점검되었다. 특히 <삼국지연의>의 일부분이 우리의 고유한 공연물인 판소리의 대본으로 채택되어 <적벽가>라는 작품으로 전환되었을 때에, 창조적인 반응은 매우 역동적으로 나타났다.

문화가 교류할 때에 수준이 높은 쪽에서 수준이 낮은 쪽으로 유입되는 것은 자연스러운 현상이다. 그것은 물이 높은 곳에서 낮은 곳으로 흘러들어 가는 것이나 마찬가지인 셈이다. 높은 수준의 문화가 낮은 수준의 문화로 흘러 들어간다고 해서 전적으로 그곳의 문화적 역량을 지배하지는 못 한다. 오히려 문화적 응전을 자극해서 새로운 창조력을 북돋우게 된다. 우리는 동북아시아라는 한문화권에서 <삼국지연의>가 조선조에 유입되어서 다양한 변용을 겪게 된 것을 이러한 사례로 삼고 문화적 응전의 구체적인 현상으로 이해해야 할 터이다.

참고문헌

강한영 교주, 『申在孝 판소리 사설집』, 민중서관, 1971.

루쉰(魯迅);조관희 역주, 『중국소설사』, 소명출판, 2004.

서종문, 『판소리 사설연구』, 형성출판사, 1984.

서종문, 『판소리의 역사적 이해』, 태학사, 2006.

정광수, 『전통오가사전집』, 문원사, 1986.

최동현 교주, 『김연수 완창소리 다섯바탕 사설집』, 민속원, 2008.

羅貫中撰; 羅貫中批; 饒彬校訂, 『三國演義』, 三民書局印行, 1973.

陳壽撰; 裴松之注, 『三國志』.

| Chapter 2 |

인도의 고대서사시 <라마야나>

이 재숙

1. 라마야나의 위대한 생명력

'라마야나'(라마(왕자)의 일대기)는 적어도 기원전 5세기 혹은 기원전 6세기 이전부터 하나의 영웅담으로 전해져왔다. 이 서사시에 나오는 이야기의 내용과 성격은 설화, 신화, 역사를 넘나든다. 인도인들은 『라마야나』를 "실지로 있었던 일"이라는 의미에서 '이띠하사'(역사), 그리고 그 라마의 존재가 신의 화신이라는 의미에서 '뿌라나'(신화)로 칭하기도 한다.

주인공 라마 왕자는 꼬샬라(Kośala) 왕국의 왕자로, 유배상태에서 수많은 난관과 악의 무리들과 대결한다. 악을 처단하고 납치된 아내까지 구출하여 왕국의 수도 아요디야(Ayodyā)로 돌아간 라마는 가장 모범적이고 이상적인 왕이 된다. 그의 부인 시따는 외유내강의 이상적인 배우자로서 오늘날까지 '여성성'의 모범이 되고 있으며, 동생인 락슈마나는 형제애의 모범으로 간주된다. 또한 뛰어난 무술과 화려한 도술로 라마 왕자의 승리를 보좌한 원숭이 장군 하누만은 순수한 충성심의 상징이 되었다. 이러한 등장인물들의 인기는 오늘날에도 식지 않아 새로운 창작의 소재로 꾸준히 사랑받아 왔다.

<마하바라따>와 함께 인도의 '대(위대한)서사시'로 불리는 <라마야나>는 2만 4천 시구, 모두 7권의 방대한 분량으로 그리스의 호메로스가 남긴 <일리아드>보다 3배가량 길다. 라마야나가 '위대한' 서사시로 불리는 데는 이처럼 방대한 분량도 하나의 이유가 될 수 있지만, 그보다 중요한 것은 '베다(인간이 알아야 할 지식)'로 일컬어지는 고대 힌두교의 세계관이 교육을 받지 않은 평범한 사람들도 쉽게 이해하고 공감할 수 있는 인물과 상황으로 재구성되었다는 데 있다.

이처럼 이야기로 전파된 <라마야나>는 어머니와 할머니가 들려주는 옛날이야기, 유랑 시인, 전문적인 이야기꾼, 연극, 무용극 등을 통해 후대에 전해졌다. 인도 문학에는 고대 뿐 아니라, 중세, 근대에 이르기까지 라마야나에서 그 소재를 딴 것이 셀 수 없이 많은데, 여기에는 이 이야기의 열린 구조가 중요한 역할을 했다. 즉, 이 이야기는 한 그루의 거대한 나무와 같아서 수많은 작은 이야기들이 가지처럼 연결되어있는 구조로 이루어졌다. 이러한 구조는 그 골간은 유지하면서 언제든 새로운 이야기를 첨삭할 수 있는 열린 구조이기 때문에 고대에서 중세, 근대로 시간 여행을 하는데도 대단히 유리하였던 것이다. 덕분에 라마의 이야기는 시간을 넘나들 뿐 아니라, 여러 지방으로 퍼져나가면서 다양한 문화적 요소와 새로운 이야기 소재가 첨삭되어 다양한 버전으로 발전하였다.

유럽과 동아시아의 설화에서도 라마야나의 흔적은 발견된다. 일찍이 페르시아를 통해 라마의 이야기가 전해진 유럽에도 러시아를 거쳐 헝가리, 핀란드 등에서 설화로 존재하였음을 민속

학자들이 확인한 바 있다. 중국에도 3세기 이후 불교가 전해지면서 부처의 전생담 속에 라마, 아요디야, 원숭이 장군 하누만의 이야기가 소개되었다. 우리에게 익숙한 '손오공' 또한 명나라 때 오승은이 지은 '서유기'의 주인공으로, 이 소설 전체가 하누만을 중심으로 한 라마야나의 영향을 보여준다. 우리나라의 삼국유사에 김수로와 결혼한 허황옥이 바로 아유타 국 공주라는 언급은 라마왕자의 왕국 수도 아요디야의 이름이 동남아시아나 동아시아를 거쳐 우리에게까지 전해졌음을 보여주고 있다.

8세기 이후에는 라마야나가 동남아시아 여러 지역에서 본토 못지않은 인기를 누리기 시작했다. 캄보디아의 장대한 앙코르와트, 태국의 에메랄드 불교사원, 인도네시아의 쁘람바난 사원의 외벽에서 벽화, 부조, 조각상 등의 형태로 만날 수 있는 라마의 이야기는 각 나라의 전통을 더해 연극적 요소가 강한 태국의 가면극, 인도네시아와 말레이시아의 그림자극과 인형극, 서정적인 발리의 무용극으로도 발전하였다.

왕의 이름, 도시 혹은 왕국 이름에 '라마', '아요디야'가 빈번하게 사용되면서 일단 토착 문화로 자리 잡은 라마야나는 동남아에 이슬람이 도래한 뒤에도 힌두 신 브라마가 알라로 바뀌는 등 다른 버전으로 살아남아 그 강한 생명력을 과시하고 있다. 그 결과로 인도를 중심으로 한 서남아시아와 동남아 여러 나라에서는 라마의 생일, 라마와 시타의 결혼, 라마가 악마의 우두머리인 라바나에게 거둔 승리를 축하하는 행사가 열리는 것을 쉽게 볼 수 있다.

이처럼 『라마야나』가 누리는 대중적 인기는 시대와 지역을 초월하여 십 수세기 동안 다양한 장르의 문학적 소재로 사용되었다. 하나의 이야기가 긴 세월의 흐름을 타고 문학, 음악, 미술, 무용, 건축 등 다양한 장르에 창작의 영감을 제공해 온 경우는 결코 흔치 않은 일이다. 이런 면에서 보면 『라마야나』가 인도 내외의 문화에 미친 영향력은 실로 대단한 것이라고 하지 않을 수 없다.

현재 세계적으로 수십 개의 번역본과 영역본은 물론 다양한 축약본까지 꾸준한 인기를 누리고 있는 <라마야나>는 아직도 진화를 멈추지 않고 있다. 인도에서는 TV 시리즈로 제작된 <라마야나>의 인기가 주말 시간대 거리를 한산하게 하였고, 이어서 방영된 신들의 이야기가 계속해서 꾸준한 인기를 얻고 있다. 뿐만 아니라, 19세기, 20세기에 인도인이 대규모로 이주해 정착한 트리니다드와 피지, 아프리카에서도 <라마야나>는 토착화를 거쳐 중요한 문화유산이 되는 등 해외로 이동한 다양한 버전의 <라마야나>는 그곳의 문화를 더하여 더욱 다채로워졌다. 이야기를 읽거나 듣기만 해도 지은 죄를 씻고 천국에 갈 수 있다고 여겨진 <라마야나>는 오늘날에도 수많은 언어와 다양한 버전으로 생생하게 살아남아서, 아시아의 많은 지역에서 민중의 생활과 종교의 원천으로 기능하고 있다. “산이 서있고 강이 흐르는 한 라마의 이야기는 계속 전해질 것”이라는 서사시의 서문은 그대로 사실이 된 셈이다.

2. 다양한 버전의 라마야나

고대 대서사시 『라마야나』는 하나이지만, 사실 『라마야나』는 인도 안에서도 하나가 아니다. 라마의 이야기가 가지는 흥미와 가치, 대중의 호응 때문에, 중세를 거치며 만들어진 서사시 형태의 『라마야나』만 해도 10 종 이상이나 된다.

오늘날 『라마야나』라는 이름으로 지칭될 수 있는 서사시는 가장 오래된 원전격인 『발미끼-라마야나(Vālmīki-Rāmāyaṇa)』를 비롯하여, 요가 바시슈타-라마야나(Yogavāsiṣṭha-Rāmāyaṇa), 아디야뜨마-라마야나(Adhyātma-Rāmāyaṇa), 아드부따-라마야나(Adbhuta-Rāmāyāṇa), 아난다-라마야나(Āānanda-Rāmāyaṇa), 땃뜨와상그라하-라마야나(Tattvasaṁgraha-Rāmāyaṇa), 부슌디-라마야나(Bhuśuṇḍi-Rāmāyaṇa), 만뜨라-라마야나(Mantra-Rāmāyaṇa), 라마링가-아므리따(Rāmaliṁga-Amṛta), 우다라-라가와(Udāra-Rāghava), 뚤시다스-라마야나(Tulsidas-Rāmāyaṇa) 등이 있다. 이 중에서 가장 나중에 쓰여진 것은 17세기 시인 뚤시다스가 중세어인 아바디어로 쓴 『뚤시다스-라마야나』이다.

이처럼 인도에서 서사시로서의 『라마야나』는 지역에 따라서 그 지역어나 지역 문화의 요소를 보다 많이 담고 있는 특정 『라마야나』로 다시 쓰여져 인기를 얻기도 했다. 예를 들어 각각 남부 따밀과 께랄라 지역에서 사랑받는 『깜바-라마야나』, 『깐나다-라마야나』가 있고, 구자라뜨 지역에 기반한 자이나교도들 사이에서 통하는 『자이나-라마야나』가 있다. 뿐만 아니라, 인도를 넘어 서남아시아, 동남아시아로 전파된 라마야나는 다양한 버전을 더욱 확대시켰다. 인도네시아, 발리, 태국 등에서는 인도 문화를 수용하여 자신들만의 것으로 재창조함으로써 오늘날 독특한 동남아 문화예술의 혼을 완성하였다.

캄보디아의 리엄께르(Reamker), 태국의 라마끼엔(Ramakien), 라오(Lao)의 프라락프라람(Phra Lak Phra Lam), 말레이시아의 히까얏 스리 라마(Hikayat Seri Rama) 그리고 필리핀 마라나오(Maranao)의 다렌간(Darengan)과 같은 동남아시아판 라마야나들은 오늘 날 동남아의 문학, 미술, 조각, 무용, 사원건축, 연극 더 나아가 도덕적 가치와 교훈, 삶의 지혜와 이상의 근거를 제공하였다.

태국 불교식 해석을 가해 만든 서사시 '라마키엔'은 라마야나와 내용상 차이가 큰 것은 아니지만 주인공인 라마가 비슈누의 화신이면서 동시에 부처라는 설정을 담고 있다. 태국의 라마 1세는 라마키엔을 통해 국가의 권위를 재정비하였기 때문에, 오늘날 우리는 방콕의 왕궁 바로 옆에 있는 왕실 불교사원인 왓 프라께오 회랑에서 172면으로 구성된 라마키엔 내용의 벽화를 볼 수 있다. 또한 태국 전통 춤 "콘"이라 불리는 가면극은 대개 라마키엔의 이야기를 소재로 하고 있다.

캄보디아 앙코르 유적군에 새겨진 조각의 상당수 역시 '리엄께르'와 연관이 있다. 라마야나의 이야기를 듣거나 이러한 곳의 건축물, 조각 등을 보는 것만으로도 죄를 씻을 수 있다는 믿음은 앙코르를 비롯하여 동남아시아의 많은 지역의 건축문화를 최고의 수준으로 끌어올렸다.

이렇게 다양한 라마야나들이 있다면 그 중 어떤 라마야나를 통해서 라마의 일대기를 살펴보아야 할까? 우리는 『발미끼-라마야나』에 일단 집중할 필요가 있다. 왜냐하면 모든 라마야나들 가운데 원전으로서의 권위와 대표성을 가지는 것이 『발미끼-라마야나』이기 때문이다. 고대 인도의 서사시 『라마야나』라고 하면 일반적으로 『발미끼-라마야나』를 지칭한다.

3. 기원전 6세기에 이미 알려져 있던 라마 일대기

이 서사시의 첫 편에 따르면, 발미끼 성자가 '나라다'라는 성자에게서 세상에 희망을 불어넣어줄 라마의 이야기를 전해 듣고, 이것을 시로 읊은 것이다. 8음절, 4 구절의 운율을 사용하여 발미끼가 첫 구절을 시로 읊었을 때 브라흐마신이 나타나 "이 시가 완성되면 그 이야기는 세상에 널리 퍼져 산이 서 있고 강이 흐르는 한 사람들에게 희망을 줄 것"이라면서 시의 완성을 재촉한다. 이에 발미끼는 24,000 개의 시로 작업을 마무리 하였으며, 제자 라와(Lava)와 꾸샤(Kuśa)에게 그것을 낭송케 하였다. 이렇게 하여 발미끼는 서사시 형태로 되어 음송할 수 있는 <라마야나>의 저자로 불리면서 '발미끼-라마야나'가 명성을 얻게 되었다. 시 자체에 소개된 신화적인 시인의 이야기를 그대로 사실로 여기기에는 무리가 있으나, 인도에서는 '발미끼'가 라마 이야기의 저자라는 믿음이 오랫동안 지속되어 왔다.

하지만, 현재 학자들은 『발미끼-라마야나』로 불리는 이 서사시가 한 시인에 의해서 특정한 시기에 만들어진 것이 아니고, 적어도 수백 년 동안 많은 사람들의 손을 거쳐 형성된 것이라고 보고 있다. 형성 시기도 애매하지만 수백 년 간으로 잡는다. 이야기의 어떤 부분은 아주 오래되었고, 마지막 단계에 확정된 부분은 그 보다 수백 년 후에 속하기 때문이다.

특히 『라마야나』의 시작 편인 「라마 왕자의 유년시절 편」의 일부와 전통적인 암송 과정에서 즐겨 이용되는 마지막 편 「귀환 후 편」은 본문보다 후대에 완성된 부분으로 생각된다. 전체 『라마야나』이야기를 소개하는 서문과 첫 편을 살펴보면 마지막 편에 대한 언급이 전혀 들어있지 않기도 하려니와, 첫 편의 상당 부분은 그 이야기 흐름과 거의 무관한 비슈누 화신으로서의 영웅 라마에 대한 찬사가 많은 비중을 차지하고 있다. 이러한 부분은 끄리슈나와 라마 등 영웅이 신으로 받아들여지게 된 기원후에야 추가된 부분일 것이다.

정확한 시대를 언급하기는 쉽지 않지만 라마의 일대기 자체가 널리 알려진 것은 기원전 6세기 전후라고 생각된다. 부처의 전생담 가운데 하나인 『다샤라타 자따까』(Daśaratha Jātaka)는 이미 다샤라타 왕의 아들인 라마의 일대기를 다루었다. 적어도 이 전생담이 만들어진 기원전 5세기경보다는 전에 다샤라타 왕, 라마 왕자의 이야기가 널리 알려져 있었을 것이다, 이런 근거로 적어도 기원전 6세기경부터는 라마의 이야기가 존재했다고 할 수 있다. 물론 인도에서는 그 보다 훨씬 이전에 있었던 역사적 사실을 이야기의 시작점으로 생각하기도 한다. 일부 인도 학자들은 고고학적 발굴과 고대 천문학적 계산법, 신화적 역사서술을 통해 라마 왕자가 실제로 기원전 10 세기 전 혹은 그 보다도 전에 존재했던 역사적 인물이라고 주장한다.

고대 인도문화의 보편적 전승 방법은 구전(口傳)이다. 입에서 입으로 전해지면서 본래의 라마 일대기는 수많은 지역 설화와 신화가 덧붙여지고 윤색되는 과정을 거쳤을 것이다. 바로 여기에 라마야나의 형성 시기가 왜 수 백년이나 오르락 내리락 하는지에 대한 대답이 있다.

라마야나의 명성은 소위 '화신론'의 확산과도 깊은 연관이 있다. 화신론은 신이 필요할 때마다 자신의 아바타를 땅에 내려 보낸다는 사상이다. 잘 알려진 바와 같이 기원전 3세기경부터 수많은 새로운 신들이 인도 신화를 더욱 풍부하게 만들기 시작했다. 특히 세상을 유지하는 힘의 원천인 비슈누 신과 연관된 아바타들은 민중들의 설화와 기존의 신화가 결합할 수 있는 계기가 되었다. 이러한 화신론과 라마 이야기의 연결고리는, 세상에 불의가 판을 치는 시대(Tretā Yuga)에 악마의 왕 라와나를 처단하기 위해 비슈누의 화신 라마가 땅에 내려왔다는 점이다. 라와나는 지독한 고행 끝에 신들로부터 은총을 받아 그 어떤 신이나 신적 존재에 의해서도 죽지 않는 존재가 된 터였다. 그는 자신의 불멸성을 믿고 신들과 인간들을 괴롭히고 세상의 질서를 어지럽혔다. 이러한 위기의 시대에 비슈누는 세상을 구하기 위해 라마로 강세한 화신 즉, 아바타가 본래의 목적대로 라와나를 처단한 것이다.

지금까지 이야기 한 것을 토대로 라마 왕자 이야기의 독특한 형성 과정을 정리해 보면 『발미끼-라마야나』의 형성 시기는 다음과 같이 정리될 수 있다. 즉, 적어도 기원전 6세기경에는 인기를 얻기 시작한 라마의 일대기는 단순히 아요디야에 수도를 둔 한 왕국의 영웅담에서 그치지 않고 전국적으로 알려지면서 라마왕자가 비슈누 신의 아바타로서 자리를 잡았다. 영웅담과 신화적 요소가 결합하여 '발미끼'라는 신화적 저자,

편집인들의 손을 거쳐 현재의 모습을 갖춘 것은 기원전 3세기 혹은 적어도 기원전 2세기 경이다.

4. 신과 인간, 악마가 함께 하는 라마야나 줄거리

1) <유년시절>편

아요디야 왕국은 다샤라타 왕이 통치하는 가운데, 태평성대를 누리고 있었다. 하지만 아직 후손이 없는 왕은 이에 대한 근심을 떨치지 못하고 있었으며 결국 득남 기원제를 드리기로 한다. 제사를 위해 왕은 바시슈타 성자에게 제사를 맡아줄 것을 요청하고 주변국 왕과 왕비들을 초청한다.

이때 신들은 천상에서 악의 화신 라와나를 처치할 방도를 논의하고 있었는데, 비슈누 신은 해결책이 있다고 장담한다. 신들은 비슈누 신에게 라와나 처치를 위해 땅에 내려가 주실 것을 요청하고, 왕의 득남 기원제에서 왕비 세 명은 제사장에 홀연히 나타난 천인(天人)으로부터 우유쌀죽을 받아 음용 후 임신을 하게 된다. 이렇게 해서 다슈라타 왕의 궁정에는 비슈누 신의 화신인 라마, 락슈마나, 바라따, 샤뜨루가나 왕자가 태어난다.

왕국의 손이 미처 닿지 않는 곳에서는 악마들이 선량한 사람들과 제사에 충실한 사제들을 괴롭히고 있었다. 비슈와 미뜨라 성자는 신의 계시를 듣고 다샤라타 왕에게 가서 왕자 라마가 직접 자신의 고행 숲에서 횡포를 부리는 악마들을 처단해

줄 것을 요청한다. 아직 어린 왕자에게 무리라고 생각한 왕이 이를 거절하고 자신이 직접 가겠노라고 하자 비슈와 미뜨라 성자는 분노하고, 바시슈타 성자 또한 왕을 설득하여 결국 왕자 라마와 그 아우인 락슈마나가 함께 고행의 숲으로 가게 된다.

이곳에서 라마는 저주에 묶인 따따까를 구해주고 이에 대한 보상으로 천상의 무기를 받는다. 비슈와 미뜨라 성자는 왕자 라마에게 천상의 무기를 사용하는 방법을 전수하고, 결국 라마가 비슈와 미뜨라 성자의 제사를 지키고 악마들을 제압한다. 비슈와 미뜨라 성자와 함께 지내는 동안 라마는 성자로부터, 바기라타 왕의 고행에 흡족한 쉬와 신이 머리채로 강가 여신을 제압한 이야기나, 우유의 바다를 휘저은 신들의 이야기 등 신들과 많은 왕들의 이야기를 듣는다.

왕자 라마 일행은 왕국으로 돌아오는 길에 미틸라 국(國)에 잠시 들어가게 된다. 이곳에서 성우(聖牛)를 둘러싸고 비슈와 미뜨라 성자와 바시슈타 성자 사이에 갈등이 생기고, 대결 끝에 비슈와 미뜨라 성자가 패배한다. 질투심에 사로잡힌 비슈와 미뜨라 성자는 말할 수 없는 고행 끝에 '마하리시[위대한 선인]'라는 칭호를 받는다. 이때 선녀 메나까는 방해를 하고 비슈와 미뜨라 성자는 굳은 의지로 고행을 계속한다.

한편 미틸라 국 자나까 왕의 궁정에서 라마는 쉬와 신의 활을 드는 엄청난 힘을 발휘하여 시따 공주의 신랑 간택식의 주인공이 된다. 자나까 왕과 다샤라타 왕은 자식들의 결혼을 통해 서로 우애를 나눌 것을 약속한다.

2) <아요디야 왕국>편

다샤라타 왕이 왕자 라마를 황태자로 책봉할 결심을 하고 절차를 준비한다. 이러한 사실을 궁정에 발표하자 신하들은 모두 라마를 칭송하며 동의한다. 이에 왕은 왕위를 물려받을 왕자 라마에게 왕국의 안녕, 통치술, 주변국들과의 정치 등에 대해서 직접 당부를 한다.

라마는 부인 시따와 함께 황태자 책봉절차에 따른 금식에 돌입하고, 아요디야 왕국은 축제 분위기에 휩싸인다. 한편, 황태자 책봉 소식을 들은 셋째 왕비 까이께이의 시녀 만트라는 까이께이를 끈질기게 꼬드겨 라마의 황태자 책봉에 불만을 갖게 한다.

만트라의 꼬임에 빠진 셋째 왕비 까이께이가 다샤라타 왕에게 두 가지 소원을 들어줄 것을 맹세했던 과거지사를 들추며, 당장 황태자로 라마가 아닌 바라따를 책봉할 것과 라마를 14년간 유배 보낼 것을 요청한다. 스스로의 약속이 굴레가 되어버린 다샤라타 왕은 고뇌하고, 까이께이에게 재고해줄 것을 간구하나 거절당한다.

하지만 라마는 까이께이로부터 아버지에게 요구한 두 가지 소원을 직접 듣고, 이를 따르기로 한다. 라마는 어머니 까우살리야께 이 사실을 고하고 유배를 떠나기에 앞서 인사를 드리러 간다. 어머니를 비롯한 왕실 어른들은 고뇌에 휩싸이고, 통곡, 실신으로 왕국은 큰 슬픔에 잠긴다.

락슈마나 왕자는 분노하여, 셋째 왕비의 계략에 의한 유배를 받아들이지 말 것과 무력으로 왕위를 점거할 것을 독촉하지만,

라마는 오히려 아우 락슈마나와 왕실 어른들을 위로하며 이 모든 것은 하늘의 뜻이며, 황태자 책봉을 위한 절차를 모두 거둬들일 것을 명령한다. 어머니가 라마의 유배를 할 수 없이 허락하고 건강을 기원하자, 시따와 락슈마나는 자신들도 함께 데리고 갈 것을 요청한다. 작별을 고하러 온 아들 라마를 안으며 다샤라타 왕은 자신을 책망하고 급기야 실신한다.

라마, 락슈마나, 시따는 유배지로 출발하는데, 왕비 까우샬리야는 통곡하고 왕 다샤라타는 실신하며, 백성들은 길을 막아서서 떠나지 말 것을 간청한다. 라마는 모두를 설득하고 길을 떠난다.

라마 일행이 갠지스강과 야무나강이 만나는 쁘라야가에 있는 바라드와자 성자의 암자에 도착하자, 바라드와자 성자는 일행을 극진히 맞고 유배지 찌뜨라꾸따로 가는 길을 알려준다. 라마일행이 찌뜨라꾸따에 도착하는 사이, 자책하며 괴로워하던 다샤라타왕이 급기야 세상을 떠난다.

아무 것도 모른 채 외가에 가 있던 바라따는 왠지 모를 흉조에 가족을 걱정한다. 아요디야로 돌아오는 길에 백성들의 슬픔과 사태의 전말을 알게 된 바라따는 어머니 까이께이로부터 다샤라타왕의 타계와 형 라마의 유배에 대한 소식, 자신이 황태자로 봉해진 사실을 듣는다. 바라따는 어머니 까이께이를 원망하며 말할 수 없는 슬픔과 분노를 느낀다.

신하들은 일단 바라따에게 왕위에 오를 것을 권유하지만, 바라따는 왕위에 오를 자격은 오로지 형 라마에게만 있다고 주장하며 라마를 다시 모셔오기 위한 준비를 하라고 명령한다. 바라따는 직접 라마를 찾아가 라마에게 왕의 타계소식을 전하고 왕국으로 돌아와 왕위를 잇기를 간청하지만, 라마는 아버지의 명예가 딸린 맹세에 의한 유배운명을 따를 것을 선언하며 이를 거절한다. 라마는 모두를 아요디야로 돌려보내면서 끝내 간청하는 바라따에게 자신의 신발을 주어 보내고, 바라따는 라마가 돌아올 때까지 이 신발을 왕좌에 둘 것이며 기다리겠노라고 대답한다.

3) <숲으로의 유배기간>편

라마 일행은 숲속 여러 고행자들의 거처를 방문하게 되고 가는 곳마다 환영을 받는다. 어느 날 비라드라는 악마가 라마 일행을 공격하고, 라마와 락슈마나의 손에 비라드가 죽는 사건이 발생한다. 이것을 본 성자들은 그동안 악마들에게 시달려온 이야기를 라마에게 앞 다투어 하소연하며 구원을 요청한다. 라마일행은 이에 성실히 응할 것을 약속하고 아가스띠야 성자의 암자에서 신의 무기까지 전수받는다.

라마 일행은 빤짜와띠로 가는 길에 독수리의 왕인 자따유를 만나 우애를 쌓는다. 그러던 어느 날, 인물과 인품이 뛰어나다는 라마 형제에 대한 소문을 들은 여자 악마 슈르빵카가 연정을 품고 찾아와 라마 형제에게 결혼을 청하고 형제들로부터 일거에 거절당한다. 그러자, 여동생 슈르빵카가 코와 귀를 잘리는 모욕을 당한 데 대해 그 형 카라가 보복하려고 악마 14명을 보낸다.

라마가 이들을 모두 물리치자, 카라는 직접 14,000명의 악마 부대를 이끌고 다시 도전했다가 패한다. 카라의 실패에 분을 참지 못한 슈르빵카는 랑까섬에 있는 악마왕국의 마왕이자 자신의 오빠인 라와나에게 가서 아름다운 시따를 왕비로 삼도록 부추긴다. 이에 라와나의 명령을 받은 악마 마리짜가 황금사슴으로 변신하여 라마일행을 유인하고, 그 사이에 수행승으로 변신한 라와나가 혼자 있는 시따를 납치한다.

독수리 왕 자따유는 시따가 납치되는 장면을 목격하고 라와나를 저지하다가 치명적인 상처를 입는다. 시따는 하늘을 나는 마차에 실려 납치되면서 자신의 흔적을 남기기 위해 일부러 장신구를 원숭이 숲에 떨어뜨린다. 뒤늦게 납치된 사실을 알게 된 라마 형제는 응징을 다짐하고 자따유가 죽어가면서 알려준 방향을 따라 길을 나선다.

4) <끼슈낀다 왕국의 원숭이 용사들>편

아름다운 빰빠 호수를 지나 길을 재촉하던 형제는 원숭이 왕 수그리와와 원숭이 부대를 만나 시따가 떨어뜨린 장신구를 전해 받는다. 라마는 사랑하는 아내에 대한 그리움과 회한에 잠기고, 다시 한 번 세상 끝까지라도 라와나를 추적하여 시따를 되찾아오겠노라고 맹세한다.

수그리와의 적극적인 도움을 받게 된 형제는 하누만과의 만남을 통해 원숭이 부대를 동원한 본격적인 장정에 나선다. 땅 끝에 이르자, 이제 큰 바다를 건너 랑까 섬으로 가야 하지만 바다를 건널 방도를 찾지 못해 일행은 난관에 봉착한다.

이 때 하누만의 탄생의 비밀과 함께 그가 가공할 만한 힘과 자유로운 변신술이 가능한 존재임이 밝혀진다. 하누만이 일단

혼자 바다를 건너가 랑까를 염탐하기로 하고, 라마는 하누만에게 시따를 만나면 자신이 보냈음을 증명할 징표로 반지를 건네준다. 하누만은 거대한 모습으로 변신하여 바다를 건너뛰려고 마헨드라산에 오른다.

5) <랑까섬 대장정>편

랑까 섬 진입에 성공한 하누만은 자유자재로 변신하여 랑까 안을 마음대로 다니며 상황을 살핀다. 하누만은 내궁으로 들어가 시따의 행방을 찾지만 실패하고, 결국 왕궁과 거리가 떨어져 있는 사원에서 고통에 젖은 시따를 발견한다. 숨어서 동정을 살피는 하누만이 시따와 대화를 나눌 기회를 엿보는 중에 라와나가 여인들을 대동하고 시따에게 와 자신의 왕비가 될 것을 집요하게 종용한다. 라와나는 최종적으로 시따에게 두 달간의 시한을 마지막으로 제시하고 돌아간다.

악마들에게 시달리는 시따의 슬픈 통곡은 끝날 줄을 모르고, 견디기 힘든 슬픔에 목숨을 포기하려는 시따 앞에 하누만이 모습을 드러낸다. 그러나 악마들의 변신술에 질린 시따가 하누만의 정체를 믿지 못하자, 하누만은 라마가 준 반지를 보여준다. 시따는 이것을 보고서야 하누만이 라마가 보낸 사신임을 받아들이지만 함께 이곳을 빠져나가자는 제의는 거절하고 라마의 조속한 구원을 기다리겠다며 라마에게 징표로 자신의 머리장식을 전해달라고 한다.

하누만은 라와나의 내궁을 파괴하고, 라와나가 보낸 군사들까지도 가볍게 해치운다. 그리고 라와나의 왕궁에 직접 나타나 자신의 임무와 지금이라도 시따와 그 외 볼모로 잡힌 무고한 사람들을 풀어준다면 평화롭게 일을 해결할 수 있다는 라마의 뜻을 전한다.

라와나는 일언지하에 이를 거절하고 하누만을 죽이려 한다. 그러자 하누만은 자신을 불태우기 위해 악마들이 자신의 몸에 붙인 불을 이용하여 랑까 전체를 돌아다니며 불을 지른다. 불타오르는 왕궁과 도시를 뒤로 하고 하누만은 다시 바다를 건너 라마에게로 돌아온다. 하누만은 시따를 만난 경위와 상태, 랑까섬에 대한 정보를 전한다. 라마는 시따 소식과 그녀가 보낸 머리장식을 보며 통곡하고, 평화제의를 거절한 라와나와의 일전을 다짐한다.

6) <정의의 전쟁>편

라마는 하누만의 능력과 성과를 칭찬하고, 원숭이 부대를 이끌고 랑까로 출정한다. 이제 원숭이 부대 전체가 함께 바다를 건널 대책이 필요하다. 라와나 측도 전쟁준비를 논의하는데, 라와나의 아우인 비비샤나는 남의 아내를 납치한 것에 대한 부당성과 라마를 이길 수 없음을 호소하며 시따를 돌려보낼 것을 건의하지만, 라와나는 이를 무시한다. 아무리 말려도 어쩔 수 없음을 깨달은 비비샤나는 라와나를 원망하며 랑까를 떠나 라마의 진영으로 직접 찾아와 라마에게 고개를 숙인다. 라마는 적인 비비샤나를 받아들이기로 하고, 비비샤나는 라와나의 장점과 약점에 대해서 정보를 준다. 라마는 비비샤나에게 랑까 정복 후에 랑까 왕권을 부여하겠다는 약속을 한다.

라마가 바닷가에 짚을 깔고 앉아 3일간 기도한 끝에 바다의 신 사무드라가 나타나 바다를 건너려면 모두 힘을 합쳐 다리를 만들라고 말한다. 여기에 사용되는 돌들은 물에 뜨게 될 것이라는 신의 말씀에 따라 원숭이 용사이자 비슈와 까르만의 아들인 날라의 주도하에 원숭이들은 100 요자나(1500 km) 길이의 다리를 만드는데 성공한다.

드디어 라마의 군대는 랑까로 입성, 공격을 개시한다. 라와나도 첩자들을 보내 라마 진영의 상황을 파악하면서 전쟁에 임한다. 한편, 라와나는 시따를 더욱 압박하기 위하여 라마의 잘린 머리를 환영으로 보여주며 라마가 죽었다고 속인다. 라마의 잘린 머리를 보고 그의 죽음을 믿은 시따는 견딜 수 없는 슬픔에 빠져 혼절하고 통곡한다. 하지만 라와나의 거짓말이 들통 나고 라마의 랑까 진입 소식이 들려오자 시따는 다시 희망을 품는다.

라마는 각 장군들을 공격의 요지에 배치하고, 군사들을 독려한다. 라마일행의 승전보가 계속되고, 라와나의 왕궁에 대한 직접 공격이 시작되자 악마백성들은 혼란에 빠진다. 궁지에 몰린 라와나 측에서는 라와나의 아들 인드라지뜨가 나서고, 그는 다시 환영을 이용한 속임수를 사용하여 라마와 락슈마나가 혼란스러운 틈을 타 치명적인 상처를 입힌다. 라마와 락슈마나 형제는 천상무기 뱀 화살 공격에 의식을 잃는다.

라마는 정신을 차리고 의식이 없는 동생 락슈마나를 보고 다시 결전을 다짐한다. 라와나는 스스로 전쟁터에 나왔다가 하누만, 락슈마나 등에게 패배하고, 비책으로 잠자고 있는 거인 장수 꿈바까르나를 깨워 하누만 등에 맞서게 한다. 그러나 믿었던 꿈바까르나 마저 패배 끝에 죽음을 맞이한다.

그 사이, 하누만은 거대하게 변신하여 하늘을 날아 히말라야에만 있는 신비의 약초를 구하는데, 시간에 쫓기자 약초가 촘촘히 피어 있는 산 전체를 들어 날라다가 결국 락슈만과 쓰러진 수많은 병사들의 목숨을 구해낸다.

부상에서 회복한 락슈마나는 결국 라와나의 아들 인드라지뜨를 죽이고, 마지막으로 라마와 라와나의 일대 일 싸움이 벌어진다. 라와나가 비행수레로 나서자, 라마는 인드라 신이 보낸 전차에 타고 싸운다.

라마의 공격에 라와나는 전차를 잃고 쓰러져 전장 밖으로 후송된다. 육상에서 다시 라마와 라와나의 치열한 싸움이 벌어지고, 결국 라마는 비슈누 신의 상징인 짜끄라(원반무기)를 사용하여 라와나를 죽이는 데 성공한다.

랑까 섬에서는 라와나의 장례식과 비비샤나의 즉위식이 벌어지고 시따와 감격의 재회를 한 라마는 일행과 함께 아요디야로 돌아갈 준비를 한다. 훗날을 염려한 라마가 시따에게 그간 랑까섬에서 혹 불미스런 일이 없었는지 묻는다. 시따는 자신의 정절을 시험하기 위해 타는 불 속에 자신의 몸을 던지고, 불의 신 아그니는 시따를 데리고 나와 시따의 정절을 보증한다. 라마는 장차 누가 의혹의 시선을 던지더라도 떳떳하게 그녀를 보호할 수 있음에 기뻐하면서 일행과 함께 아요디야로 입성한다. 바라따와 백성들은 반갑게 형님을 환영하고 라마의 성대한 즉위식이 거행된다.

7) <귀환 후>편

라마 왕의 궁정에 선인 아가스띠야 등이 찾아와 그간 있었던 신들과 악마들의 갈등, 악마의 가계도와 내력을 설명하고, 라와나와 악마들을 제압한데 대한 감사의 뜻을 전한다. 이들에 따르면 과거에도 비슈누 신은 다른 모든 신들의 요청에 따라 악마들을 제압했었다. 하지만 악마들은 다시 꾸베라의 거처 랑까에 침입했고, 이 때 라와나가 탄생했으며, 고행을 통해 신의 능력을 부여받아 랑까의 압제자가 되었다는 것이다.

라와나는 설득하려는 신들의 사신을 살해했을 뿐 아니라, 죽음의 세계의 야마 대왕까지 공격, 죽음의 세계를 정복했다. 랑까 섬에는 포로로 잡혀온 천상세계를 비롯한 여러 곳 출신 여자들의 저주의 눈물이 넘쳐났다. 심지어 한 번은 라와나가 군대를 이끌고 인드라 신의 영역을 침범, 직접 인드라를 인질로 잡고 랑까로 돌아온 적도 있었다. 이때 브라흐마 신은 라와나의 아들 인드라지뜨에게 신의 능력을 부여하는 대신 인드라를 구해야 했다.

한편, 라마의 가장 큰 조력자인 하누만도 인드라 신과 인연이 있었다. 하누만은 철없는 유년시절에 넘치는 힘으로 인드라 신의 전용 코끼리인 아이라와뜨를 공격한 적이 있었다. 이에 노한 인드라신은 하누만을 공격하였는데, 신들이 순수한 하누만의 뉘우침과 기도를 받아들이고 그 힘을 필요한 곳에 쓰도록 당부하며 특별한 힘을 부여했던 것이다.

라마 왕과 시따 왕비는 다시 찾은 평화와 행복 속에 임신을 자축한다. 그러나 백성들 사이에는 시따의 정절과 관련된 불길한 소문이 돈다. 라마는 지난 번 아그니 신으로부터 시따의 결백함을 분명히 보증 받았음에도 불구하고, 왕으로서 깊은 고뇌에 빠진다.

결국 라마는 백성들의 아우성을 이기지 못하고 시따를 숲에 버리고 오라고 명령한다. 락슈마나는 시따를 마차에 태워 강 건너 숲에 두고 오고, 발미끼 성자가 시따를 위로하며 암자로 모셔간다. 시따를 숲에 두고 온 락슈마나는 라마와 함께 말할 수 없는 슬픔에 괴로워한다.

다시 라마 궁정에 선인들이 와서 악마들의 횡포를 하소연하는 일이 생겨 이번에는 라마의 동생 샤뜨루가나가 악마들을 제압하기 위해 출정한다. 이 사이, 시따는 쌍둥이 아들을 출산하고, 숲을 지나던 샤뜨루가나가 발미끼 성자를 만나 이 소식을 듣게 된다. 샤뜨루가나는 전장에서 악마 라와나수라를 죽이고, 선인들의 탄원을 해결한다. 샤뜨루가나는, 이 싸움을 마치고 돌아오는데 12년이 걸리고, 아요디야로 돌아오는 길에 우연히 누군가 부르는 라마의 영웅담을 노래로 듣게 된다.

라마는 왕국의 평화와 번영을 위하여 제사를 준비한다. 이 제사에 발미끼 성자가 시따의 두 아들 라와와 꾸샤를 데리고 등장하여, 라마의 영웅담을 노래하게 한다. 감격스러운 두 아들과의 회후 끝에 라마는 시따의 정결함을 서약하여 다시 돌아오도록 할 방법을 신하들과 논의한다. 시따는 정결함을 서약하고 아요디야로 돌아오게 되고, 라마는 시따에게 백성들의 왕으로서 어쩔 수 없었음을 사과한다.

세월이 흘러 락슈마나는 육신을 입은 채로 천상에 입성한다. 라마 또한 라와와 꾸샤를 황태자로 임명하고, 히말라야 성지

순례를 떠난다. 순례 끝에 라마는 형제들과 함께 본래 모습인 비슈누의 모습으로 돌아가고, 이 순례 길에 따라 나섰던 아요디야 백성들 모두 영생을 얻는다.

5. 인도 문화의 키워드 '라마야나'

라마 이야기는 시대를 막론하고 세상 모든 사람들이 바라는 이상적인 세상에 관한 이야기이다. 이 이야기 속에 담긴 다양한 삶의 이상은 사실, 인도인들의 입에서 입으로 전해진 그들의 이상이며, 희망이다. 『라마야나』는 단순히 라마 왕자가 아니라 비슈누의 일곱 번 째 아바타인 '라마'라는 영웅의 일대기를 통해 세상에 정의를 구현하는 이야기이다. 여기에는 인간으로 세상에 내려온 라마의 탄생배경부터 어린 시절, 청년기, 결혼 후 유배기, 라와나와의 전쟁기, 아요디야 왕국의 태평성대 등의 내용이 담겨 있는데, 주인공 라마의 인생은 신의 아바타로서 인간들에게 가장 모범적 삶을 제시한 것으로 여겨졌다. 특정한 저자가 아닌 수세기에 걸쳐 수많은 사람들의 입을 통해 형성된 이 대서사시에 담긴 이야기들은 고대 인도사회의 이상(理想)이 반영된 고전이 되었다.

이런 면에서 『라마야나』와 『마하바라따』 양대 서사시는 인도 혹은 힌두 문화의 세계관, 윤리관을 만들어냈다고 할 수 있다. 이야기 속 다양한 에피소드를 통해 제사를 중시한 브라만 전통과 이와는 반대로 고행 등 수행과 명상을 중시한 슈라만 전통이 조화된 모습을 보여 주고, 베다의 권위는 유지되지만 베다의 신들은 거의 자취를 감춘 채 브라만, 비슈누, 쉬와의 새로운 삼신(三神) 구도가 자리를 잡고 특히 비슈누의 다양한 화신 개념과 쉬와 신앙, 여신 숭배 등 이후 힌두교의 형태가 만들어졌음을 보여준다.

다양한 언어와 문화, 종파적 차이가 뚜렷한 인도 전역에서 수 십 세기 동안 그 복합적인 구성원들을 교육하고 가치관을 통일하는데 이보다 중요한 역할을 한 것은 없다. 그런 까닭에 이 두 편의 서사시는 단순한 영웅과 신들의 이야기라기보다는 힌두들의 세계관과 윤리관을 이해하는데 가장 핵심적인 텍스트라고 할 수 있다. 오늘날에도 인도 사회에서는 라마와 같은 군주, 시따와 같은 아내, 바라따와 같은 동생, 하누만과 같은 신앙인의 태도가 가장 이상적인 인생의 모델로 공공연히 제시되며, 특히 라마에게는 '가장 이상적인 인간상'(māryada-puruṣottam)이라는 별칭도 따라다닌다. 이것은 브라만이나 그들이 주도하는 제사의 근간이 되는 베다 경전의 절대권위적 전통과 거기에 포함되지 않았던 민중적 전통이 융합되었기 때문에 가능하였던 일이라고 할 수 있다. 브라만 중심의 힌두교가 그 밖의 다양한 종교적 행태를 하나로 포섭하는 계기가 된 것은 물론이다.

특히 이 두 서사시를 통해 표준화된 인생의 4대 이상(다르마, 아르타, 까마, 목샤)과 인생의 4단계(학습기, 가장기, 숲 속 수행기, 기세기)는 힌두의 윤리관을 형성되었다. 인생을 살아나가면서 인간은 우주적 원칙(다르마), 유무형의 가치(아르타), 열정(까마), 절대자유(목샤)를 추구해야하며, 그러기 위하여 인생의 첫 단계는 학습을 하는 단계, 결혼을 하여 가정에 충실한 단계, 부양의 의무가 끝나면 다시 자신을 수양하기 위한 숲 속

수행기, 마지막으로 무소유의 상태로 세상을 등지는 기세기의 단계를 살 것을 라마왕자를 비롯한 등장인물들이 그렇게 삶으로서 보여주고 있기 때문이다.

사람들은 오늘날에도 자녀들에게 의무, 바른 행동거지, 도덕적 개념들을 가르치기 위해 라마의 이야기를 들려준다. 또한 이 이야기 속에서 가장 이상적이고 정의로운 왕 라마가 통치하는 국가는 하나의 이상향이 되었기 때문에, 많은 정치인들이 이것을 현대정치의 구호로 사용하고 심지어 선거철마다 핫이슈로 동원하기도 한다. 또 북인도를 중심으로 한 인도 대부분의 지역에서는 더쉬헤라 축제 기간 동안 매일 밤 9일 동안, 라마의 일대기를 연극으로 꾸민 라마릴라(Rama-līlā)가 벌어진다. 이런 식으로 사람들은 매년 선이 악을 이긴다는 진리를 확인하고 기억한다.

이처럼 라마야나는 오늘날의 인도 즉 결코 단일하지 않고 복합적인 성격을 가진 힌두교 중심의 사회와 그 가치관, 사회 구성원 개개인의 행동양식을 이해할 수 있게 하는 실질적인 지름길이다. 더 나아가 두 편의 서사시는 그 문화의 산물인 힌두교와 불교, 자이나교 등의 배경을 이해하는 데도 큰 도움이 된다.

참고문헌

이재숙, 「인도 대서사시의 종교문학적 성격」, 『종교연구』제 22집, 2001.

Blank, Jonah, Arrow of the Blue-skinned God, New York, Grove Press, 1992.

Bose, Mandakranta(ed.), The Ramayana Revisited, New York, Oxford University Press, 2004.

Goldman, Robert P., Ramayana, New York, New York University Press, 2005.

Khan, Benjamin. The Concept of Dharma in Valmiki Ramayana. Delhi, Munshiram Manorharla, 1965.

Pandey, Ramnarayana Shastri, Srimad Valmikiya Ramayan(I-II), Gorakhpur, Gita Press, 1991.

Ramasukhdas, Srimad Bhagavadgita. Gorakhpur: Gita Press, 1985.

Richman, Paula(ed.), Questioning Ramayanas: A South Asian Tradition, California, University of California Press, 2001.

Sen, Makhan Lal. The Ramayana(vol 1, 2). Delhi, Cosmo Publication, 1988.

Sharma, B. G., Ramayana: A tale of Gods and Demons, California, Mandala Publishing, 2001.

| Chapter 3 |

도교 의례와 음악

고 은강

1. 종교로서의 도교

한·중·일을 위시한 동아시아 사회를 묶는 공통의 특징으로 흔히 '유·불·도에 기반을 둔 전통 사상'을 꼽는다. 그러나 각각의 사회에서 유교, 불교, 도교의 전개 양상은 상당한 차이를 보인다. 특히 유교 및 불교와 비교할 때 도교의 경우에는 한·중·일 각각의 사회에서 서로 다른 모습을 형성해 왔기 때문에 이들 사회에서 도교를 단일한 성격으로 정의해 내기란 매우 어려운 일이다. 중국에서는 도교가 지금도 주요 종교의 하나로 널리 신봉되고 있는 반면 한국에서는 도교가 단일 종교로 실천되기보다는 신앙의 차원에서 다른 종교에 습합되어 있다. 일본의 도교는 종교적 실천이 미약할 뿐 아니라 불교 및 신도에 가려져 그 정체성에 대하여 알려진 바가 매우 미약하다.

중국에서 도교는 교단의 틀이 갖춰진 제도화된 종교 중 하나다. 불교와 더불어 오랜 전통을 가진 종교로서 지금도 많은 신자를 가지고 있다. 특히 도교는 인도에서 전래된 불교와는 달리 중국에서 시작된 토착 종교로 알려져 있다. 공산주의 중국 사회에서 국가의 통제 하에 교단 조직이 통제되고, 문화 혁명 기간에는 사원에서 도사가 추방되고 사원이 폐쇄되는 등 종교적 탄압도 있었으나, 최근 문화유산으로서의 가치를 인정받아 재정립되고 있다. 제도화된 종교 이외에도 민간 종교(popular religion)의 영역에서 도교와 관련된 연구들은 다양하다.

제도화된 종교로서 중국 도교를 이야기할 때, 일반적으로 중국 도교는 전진교(全眞教)와 정일교(正一教)로 분류된다. 도교의 분파에 관하여는 여러 학설이 있으나, 의례 음악의 측면에서 보면 북부를 대표하는 전진교 의례, 남부를 대표하는 정일교 의례로 나누는 것이 일반적이다. 전진교는 금왕조 시기 왕중양(1112~1169)이 개창하였다고 전해지며, 전진도(全眞道)라고도 한다. 도교 최대 종파이다. 산서성 순양궁(純陽宮), 섬서성 중양궁(重陽宮), 북경 백운관(白雲觀)이 삼대 궁관으로 불린다. 정일교는 천사교(天師教)라고도 하는데, 한 왕조 시기 장도릉이 창시했다고 전해진다.

2. 도교 의례

도교 의례의 거행은 곧 도교 음악 공연이라고 볼 수 있다. 도교에서 도교의례의 전문가를 고공(高功)이라 하는데, 고공은 도교 음악의 전문가이기도 하다. 예컨대 도교 전진파(全眞派) 의례의 대가인 민지정(閔智亭) 도장(道長)은 현재 거행되는 전진파 의례 음악의 모대가 된다고 알려진 『전진정운보집(全眞

正韻譜輯)』을 펴냈다. 고공으로서 그는 도교 의례를 교육함과 동시에 도교 음악을 교육한다. 특정 교파 혹은 특정 도교 궁관(宮觀)의 의례 전문가인 고공이 도사들에게 의례를 가르칠 때, 도교 음악 또한 함께 전수된다. 의례의 측면에서 본다면, 경을 읽는 일이 도사들의 주된 역할임을 생각할 때, '어떤 경을 어떤 가락에 얹어서 어떻게 부를 것인가'를 가르치는 일은 고공의 일차적인 임무가 된다.

도교 음악은 흔히 도사들이 의례에서 가락을 얹어 읽는 경문과 이 때 함께 연주하는 기악곡을 가리킨다. 따라서 도교 연구에서 도교 의례 연구와 도교 음악 연구는 밀접한 관련이 있다. 도교 의례를 전통 공연 문화, 나아가 예술 형식으로 접근한 연구들은 민족음악학(ethnomusicology) 분야에서 활발히 진행되고 있다. 도교 의례를 예술적·공연적 측면에서 연구할 때 그 대상은 일반적으로 음악이 된다.

중국의 도교 의례는 대개 도사들이 경전 한 권을 소리 내어 읽는 가운데 진행된다. 경전을 소리 맞추어 읽는 일은 쉽지 않기 때문에 운율 및 음악이 동원된다. 의례의 처음부터 끝까지 의례의 호흡을 이끌고 경전을 읽는 박자와 속도를 조절하는 타악기는 모든 의례에 필수적이다. 가락 악기의 경우는 사용되는 경우도 있고 사용되지 않는 경우도 있다. 사용되는 경우에도 가락 악기는 의례의 처음과 끝, 중간 중간에 부분적으로 사용된다. 도사들이 경전을 읽을 때 가락 악기의 반주에 맞추어 읽는 경우는 드물다.

홍콩의 한 도관에서 일상적으로 거행되는 의례를 예로 들어, 도교 의례 및 도교 의례에 사용되는 경전의 내용을 간단히 설명하면 다음과 같다. 홍콩의 도교 의례는 도사들이 경전을 처음부터 끝까지 일정한 운율에 맞추어 읽는 가운데 거행된다. 『여조무극보참(呂祖無極寶懺)』은 홍콩 도교 의례에 자주 등장하는 중요한 경전 중 하나다. 전진교 순양조사 여동빈의 가르침을 담고 있다고 전해지는 이 경의 원래 이름은 『구천대라 옥도사상 여성진군 무극보참(九天大羅玉道師相呂聖眞君無極寶懺)』이다.

『여조무극보참』은 4글자가 한 구를 이루는 부분이 많고, 대개 글자 수가 규칙적이어서 가락에 맞추어 부르기 쉽다. 발음은 광동어 발음을 기준으로 읽는다. 가락은 수 차례 들으면 따라 부르기가 가능할 정도로 단순한 음계가 보통이다. 발성을 위해 수 년에 걸친 수련이 필요하다거나 숙련된 도사들만이 부를 수 있는 어려운 곡조가 아니다. 홍콩의 도관에 속한 도사들은 대개 직업적인 종교인이 아니다. 일반 사회인으로서 다른 직업을 가지고 살면서 도사로서 도관의 행사에 참여하는 경우가 대부분이다. 의례를 봉행하기 위해 교육을 받고 거의 매 주, 일부는 거의 매일 도관의 크고 작은 의례를 봉행하는 도사들 중에도 대부분 사회인으로서 종교 활동 이외의 생활이 있다.

경전의 원제목은 앞서 밝혔듯 『구천대라 옥도사상 여성진군 무극보참(九天大羅玉道師相呂聖眞君無極寶懺)』이다. 구천대라(九天大羅)의 구천은 도교의 아홉 개의 하늘을 가리킨다. 태청천(太淸天), 청미천(淸微天), 대적천(大赤天), 대청천(大靑天), 태현창천(太玄蒼天), 태현천(太玄天), 대호천(大昊天), 태현도천(太玄都天), 대명천(大明天)으로 신선이 머무는 장소이다. 대라(大羅)는 대라천(大羅天)으로 신선이 거주하는 구천 위에 자리한 하늘이다. 모든 천지만물의 시작인 원시천존(元始天尊)이 머무는 곳이다. 노자가 도교의 신적 존재로 자리 잡은 이래, 노자라는 존재는 신으로서 진화를 거듭해 왔다. 도교의 신들 중 가장 높은 자리인 '천존'(天尊)으로 승격되고 만물의 창조, 유지, 소멸을 관장하는 세 명의 천존으로 분화된다. '구천대라'는 '높고 높은 하늘'이라는 의미다. '옥도사상'의 '옥도'는 원시천존이 머무는 도읍지, '사상'은 관직의 이름이다. '옥도사상'은 '옥도의 사상이라는 관직에 있는'이라는 뜻이다.

'여성진군'은 순양조사를 가리킨다. 성은 여 (呂), 이름(名)은 암(岩), 자(字)는 동빈(洞賓), 호는 순양자(純陽子)이다. 당 덕종 때 포주 영락현 (蒲州 永樂縣)에서 태어났다. 다른 도교의 신선들과 마찬가지로 전설이 전해진다. 어머니가 순양조사를 가질 때, 기이한 향이 방안에 가득하고, 하늘에서 음악 소리가 들리며, 흰 학이 하늘에서 내려와 휘장 속으로 날아들었다 사라졌다고 한다. 태어나자 골격은 금과 같고, 바탕은 옥과 같아 학의 정수리에 원숭이의 등을 하고, 호랑이 용과 같은 몸을 하고 있었다고 전해진다. 스무 살이 넘도록 장가를 들지 않다가, 화룡진인(火龍眞人)을 만나 도에 입문하였다. 후에 종리조사(鍾離祖師)를 만나 도를 이루고 천하를 주유하며 중생을 구제하였다. 전진교의 '북오조(北五祖)'의 한사람이다. 무극보참의 '무극'은 '다함이 없는'이라는 뜻이고 '참'은 '참회의 말'을 가리킨다. 참회하는 의례의 전범이라는 뜻이다. 여조에 대한 미칭(美稱)은 이외에도 '순양연정경화부우제군(純陽演正警化孚佑帝君)[1]' 등의 용어로 본문에도 등장하는데 문맥 내에서 특별한 의미는

1) 원(元) 무종(武宗)이 내린 시호.

없다.

『보참』은 ‘계단찬(啓壇讚)’으로 시작한다. 의례를 시작한다는 뜻이다. 의례는 의례를 봉행하는 도사들이 들어와 향을 올리는 것으로 시작된다. 『보참』의 ‘계단찬’은 여조의 공덕을 찬미하는 내용이다. “영통감응천존(靈通感應天尊)”은 중요한 구절이다. 계단찬’에 이어지므로 ‘계단찬’의 일부로 보기도 한다. 본경의 시작 전에 이 구절을 힘차게 세 번 부른다. “영통감응천존”의 ‘천존’은 신선을 높이는 존칭이다. 여기서는 여조를 가리킨다. 원시천존, 즉 노자를 가리키는 고유명사가 아니다. ‘영통감응천존’은 영이 통하여 여조와 감응하기를 바라는 기원을 담고 있다. ‘계단찬’에 이어 본문이 시작되는데, 본문에는 별도로 ‘구천대라 옥도사상 여성진군 도덕진경’이라는 이름이 붙어 있다. ‘도덕진경’이라는 명칭은 도교 뿐 아니라 중국 철학의 중요한 개념인 ‘도덕’을 강조하여 붙여 진 이름이다.

도교 의례의 주된 목적 중 하나는 신과 감응하기 위함이다. 도교의 신 중에는 본래 인간이었다가 신선이 된 경우가 많다. 죽어서 도교의 신선으로 숭배되는 일은 지금도 행해지고 있다[2]. 여조도 생전의 공덕으로 신선이 된 경우에 해당한다. 여조와 감응하고자 하는 소망은 생전에 여조처럼 도를 이루어 신선이 되고자 하는 소망이다. 이렇게 본다면, ‘영통’은 여조를 본받기 위해, 나 자신의 영이 소통하여 여조와 감응하기를 바라는 기원으로 볼 수 있다. 나의 영이 통하는 일이 신과 감응하기 위한 선제 조건이 되는 이유는 인간의 본성과 신성이 통

2) 홍콩 구룡에 위치한 도교 사원 청송관에서는 무료로 환자를 돌보는 등 공덕을 쌓은 홍콩의 한의사가 사후 ‘진인(眞人)’의 칭호를 얻고 받들어지고 있다.

한다는 사상과 관련이 있다고 볼 수 있다. 즉, 나의 영이 참된 본성과 통하면 신성과도 통할 수 있다는 것이다.

"지심귀명례(至心歸命禮)" "지심조례 (至心朝禮)"도 "영동감응천존"과 더불어 의례에서 중요하게 여겨지는 구절이다. 이 세 구절은『보참』에서 여러 번 반복되어 불려진다.『보참』에서 '지심귀명례', '지심조례'는 참회를 위한 마음가짐을 단적으로 표현한 의례 용어이다. '지(至)'를 '진(眞)'으로 해석하여 '지성'을 참된 본성으로 해석한 앞의 내용과 연결하여 본다면, '지심'은 참된 마음이다. 참된 본성과 통하기 위해 해야 하는 일을 참회라고 본다면, '지심귀명례'는 참된 마음으로 명(命)을 회복하는 것이 참회를 위해 필요하다는 뜻이다.

"지심귀명례"를 읊고 '개참주(開懺呪)' 즉 참회를 시작하는 경문을 부른다.『보참』에 등장하는 참회의 개념에서는 '스스로 귀의한다 (自歸依)'라는 개념이 중요하다. 여조의 도는 훌륭하며 여조를 본받는 일은 중요하지만, 무조건 여조에게 의지한다고 도를 실천할 수 있는 것은 아니다. 스스로 자신의 도를 찾아 꾸준히 실천하여야 한다. 따라서『보참』은 '스스로 귀의'하는 일이 중요함을 강조하며 끝을 맺는다. 이것이 권말에 이어지는 '회향찬'의 '회향'의 의미라고 밝히고 있다.

3. 도교 음악

문화혁명기에 침체되었던 도교는 중국 개방이후, 특히 1990년대 이후 중국 문화 발전과 관광 유치라는 기치 아래 활기를 띠게 된다. 궁관의 정비, 포교에 개별 궁관들과 중국 도교 협회가 적극 나서게 되었고 학계의 연구 활동도 활발해졌다. 중국 정부의 지원에 힘입어, 중국에서는 도교 음악 연구에 시금석이 된다고 할 수 있는 『중국민족민간기악곡집성(中國民族民間器樂曲集成)』과 같은 귀중한 성과물을 내는 가운데, 해외 연구자들도 도교 음악을 새로운 연구 과제로 인식하게 되었다. 그러나 희곡 음악이나, 민요 등 다른 중국 음악 장르에 비해, 도교 음악 등의 전통 종교 음악은 아직 연구가 부족한 편이다. 이 글에서는 도교 음악 연구 방법론을 수립하여 도교 음악 연구사, 나아가 도교 의례 연구사에 중요한 기점이 된 두 연구 계획을 중심으로 도교의례음악을 소개하고자 한다.

1) 『중국민족민간기악곡집성(中國民族民間器樂曲集成)』

『중국민족민간기악곡집성』은 <중화인민공화국문화부>, <국가민족사무위원회>, <중국음악가협회>가 주관이 되어 1979년부터 네 분야로 나뉘어 추진된 음악 연구 사업의 결과물 중 일부이다. 각 성(省)을 단위로 하여, 민족민간기악곡(民族民間器樂曲), 민간가곡(民間歌曲), 곡예음악(曲藝音樂)을 수집, 정리하였다. 민간가곡은 구전 민요, 민간기악곡은 기악곡 및 기악 반주, 곡예음악은 우리나라의 판소리와 같이 이야기를 노래에 담는 음악 형식이며, 희곡음악은 북경 지역의 경극(京劇), 광동 지역의 월극(粵劇) 등 각 지역의 노래극을 의미한다.

<종교음악>은 민족민간기악곡으로 분류되어 『중국민족민간기악곡집성』에 포함되어 있다. 여기서 <종교음악>은 도교 음

악과 불교 음악이다. 내용을 들여다 보면, 도교 음악은 그 지역의 대표적인 도교 궁관에서 연주되는 음악을, 불교 음악 역시 지역을 대표하는 불교 사원에서 연주되는 음악을 수집 정리하였다.

1994년 북경 신화서점에서 출판된 『중국민족민간기악곡집성·호북권(湖北卷)』을 예로 들어 그 내용을 살펴보면 다음과 같다. 호북성 (湖北省)은 중국 대륙의 중심부에 위치한, 양자강 북쪽에 면한 성이다. 호북성을 예로 든 이유는, 도교의 중심지 중 하나인 무당산(武當山)이 호북성의 북쪽 경계에 위치하고 있기 때문이다. 무당산 도교음악은 도교음악을 연구할 때, 자주 등장하는 연구 주제이며, 『중국민족민간기악곡집성·호북권』도 역시 무당산 도교음악을 연구 주제로 삼았다. 특히, 무당산 도교음악은 도교 전진파 의례음악의 기초인 『전진정운(全眞正韻)』의 핵심을 이룬다고 알려져 있다.

<무당산궁관도악>은 무당산 도교의 역사를 간략히 소개한 후, 가락이 거의 없거나 단조로운 형식(韻腔), 타악곡을 포함한 가락 중심의 악곡 형식(曲牌)으로 나누어, 각각의 특징을 간단히 소개하고, 채보한 악보를 덧붙이는 형식으로 이루어 져 있다. 수록된 악보에 비해 설명 부분이 지극히 제한적인 점에 비추어 볼 때, 이 연구서는 수집된 악보를 정리, 수록하는 작업을 중심으로 구성되었다고 할 수 있다.

<무당산궁관도악>에 따르면, 무당산은 해발 1612미터인 천주봉(天柱峰)을 주봉으로 72개의 봉우리로 이루어진 중국 도교 발원지의 하나다. 명 성조 재위 중 1412년부터 1424년까지 많은 궁관과 암자가 건설되었다. 이 당시 무당산 도교는 전성기

를 맞아 일파를 이루고 무당파(武當派)라 불리게 된다.

운강(韻腔)은 경을 읽는 곡조인 풍경강(諷經腔), 주문을 외는 곡조인 염주강(念呪腔) 그리고 "지심귀명례"(志心歸命禮)등의 송고강(誦誥腔), 영창강(咏唱腔)으로 나뉜다. 풍경강은 4언이 주조를 이루나 5언, 6언, 7언 등 경에 따라서 음보를 이룬다. 무당산의 염주강은 4언이 전형이며 1자 1음의 단조로운 가락이다. 송고강은 일반적으로 1언 1박이지만 "지심귀명례"는 5언 7박과 5언8박 두 종류의 가락이 있다. 영창강은 곡조가 가장 품부한 일종의 노래 형식이다. 무당산 도교 악곡 중 정수라고 할 수 있다. 보허운(步虛韻), 징청운(澄淸韻), 대찬(大贊), 구고인(救苦引) 등의 악곡이 이에 속한다.

곡패(曲牌)는 정곡(正曲), 요곡(要曲), 법기 음악(法器牌子)으로 구분한다. 정곡은 의례의 순서에 따라 사용되는 음악이다. 목본경, 백학시 등이 이에 속한다. 가장 기본이 되는 기악곡이라 할 수 있다. 요곡은 의례가 시작되기 전에 연주되는 음악이다. 상황에 따라 연주 시간을 자유롭게 조정할 수 있다. 법기 음악은 의례에 사용되는 목어, 북, 종 등 악기로 사용되는 법기 연주를 통칭한다.

여기서 주목할 점은 『중국민족민간기악곡집성』의 도교 음악 연구 방법론이다. 다음과 같은 특징이 있다. 첫째, 연구 대상 면에서, 궁관을 단위로 하였다는 점이다. 대개 성(省)을 단위로 하여 그 지역의 대표적인 도교 궁관에서 연주되는 음악을 연구 대상으로 삼았다. 의례 음악 연구 상 중요한 궁관을 연구 대상으로 선정하였으므로, 이들 궁관은 후에 도교 내부뿐만 아니라 일반 음악 연구자들에게도 도교 음악 연구 대상으로서 중요한 자리를 차지하게 된다. 뒤에 이어지는『중국전통의례음악연구계획계열총서』 역시 『중국민족민간기악곡집성』이 극히 제한된 수의 궁관 음악에만 집중하였다는 한계를 지적하면서도, 연구 대상 선정에서는 『중국민족민간기악곡집성』을 적극 참고할 수밖에는 없었다. 『중국민족민간기악곡집성』에서 선정한 연구 대상 이외에 연구의 가치가 있는 도교 음악 연구 대상을 찾는다는 일이 쉽지 않기 때문이다. 둘째, 연구 방법 면에서 , 음악의 분석이 중심이다. 도교 음악을 구성하는 요소가 일목요연하게 정리되어 있다. 『중국민족민간기악곡집성』에서 사용된 음악 분석 용어들은 기타 중국 음악 연구에 널리 사용되고 있다. 그러나 음악을 실제 공연과 분리해서 접근·분석했기에, 이에 따른 한계가 있다. <무당산궁관도악>에서는 운강과 곡패 부분을 나누어 분석하고 있다. 도교 음악에서 운강은 주로 경에 해당하는 가사 부분이 중시되어 악곡이 단조롭고, 곡패는 가락이 비교적 다채로워서 음악이라는 느낌이 강하게 드는 부분이다. 그러나 실제 의례에서 두 부분은 구별이 어려울 만큼 연결되어 있다. 다시 말해서, 분석된 음악이 실제 공연에서 결합되고 활용되는 방식에 대한 설명이 부족하다. 즉, '음악의 공연이 곧 의례의 거행'이라 할 수 있는 도교 음악에서 의례로부터 의례 음악을 분리하여 분석함으로써 도교 음악의 전체를 보여 주지는 못하였다.

2) 『중국전통의식음악연구계획계열총서(中國傳統儀式音樂研究計劃系列叢書)』

본 총서는 1994년부터 1997년까지 홍콩 중문대학(中文大學)

의 조본야(曹本冶) 교수가 주축이 되고, 중국 중앙음악학원, 무한음악학원과 연계하여 추진한 '중국대륙, 홍콩 및 대만 주요 도교 궁관 전통 의례 음악의 지역성 및 지역 경계를 넘어선 연계성 비교 연구' 사업의 결과물이다.

연구 사업 제목이 나타내듯, 중국 각 지역의 도교 궁관에서 연주되는 음악을 연구한 경우가 일반적이다. 총서 11 『무당운』은 무당산 도교의식음악을, 총서 18권 『청성산 도교 음악연구』는 사천성 청성산의 도교 궁관에서 연주되는 음악을 연구하였다. 특정 궁관의 이름을 내건 연구는 총서 19인 『북경백운관도교음악연구』가 대표적이다. 궁관에서 연주되는 음악 이외에도, 17권 『운남요족도교과의음악』은 소수 민족 의례 음악 연구의 일환으로, 요족의 도교 의례 음악을 수집 연구하였다.

연구 과제가 의례 음악이므로 도교 음악뿐 아니라 불교나 민간 신앙의 의례 음악도 총서에 포함되어 있다. 불교 음악을 수집 연구한 총서 4권 『선림찬집』, 소수민족의 종교 의례를 연구한 총서 6권 『나단의식음악연구』등이 그 예다. 그러나 지금까지 출판된 연구 성과를 볼 때, 도교 음악이 주류를 이루고 있음을 알 수 있다.

『북경백운관도교음악연구』는 앞서 『중국민족민간기악곡집성』의 도교 음악 부분처럼 특정 궁관에서 연주되는 음악에 초점을 맞추고 있다. 북경 백운관은 북경의 대표적 도관이며, 오랜 역사를 가진 중국 전진교 총림 중 하나다. 현재는 도사 교육 기관인 <도교학원> 및 중국 도교를 대표하는 <중국도교협회>가 백운관에 위치하고 있다. 저자는 1987년부터 북경 백운관 도교음악 정리 연구 작업에 참가하여 도교 의례 음악 연구 대가들로부터 직접 도움을 받아 이 책을 저술하였다고 밝히고 있다. 목차는 상편, 중편, 하편으로 짜여져 있다. 상편에서는 백운관의 역사 및 문화배경, 중편에서는 백운관에서 연주되는 의례 음악, 하편은 그에 관한 분석으로 이루어져 있다.

상편 <백운관 역사 및 문화 배경>에는 백운관 소재지인 북경에 대한 소개, 도교 전진교의 모태가 되는 궁관 중 하나인 백운관에 관한 개략적 소개뿐만 아니라, 백운관을 언급한 사료들, 용문파를 세운 장춘진인, 백운관 소재 비문들, 백운관을 소재로 한 시사(詩詞), 백운관의 건축물, 백운관의 민속 활동 등이 서술되어 있다.

중편은 백운관의 의례 음악 자료들을 모은 장이다. 아침에 행하는 의례인 조과(早科), 저녁에 행하는 의례인 만과(晩科)에 관한 개설적 설명과 경문 및 악보 그리고 도교의 특별 행사 중 하나인 시식과의(施食科儀)에 쓰이는 음악의 경문과 악보가 수록되어 있다.

하편은 수집 정리한 음악을 분석하는 장이다. 저자는 원소 분석과 총체 분석이라는 용어를 사용하여 음악을 분석하고 있는데, '원소 분석'은 개별 음악 유형을, '총체 분석'은 의례 음악에 쓰이는 선율을 기본 유형과 변체군(變體群), 합미군(合尾群) 세 부분으로 나누어 설명하고 있다. 기본 유형 장에서 저자는 장문의 경을 읽어 내려가는 부분을 선율이 미약한 직송(直誦) 선율, 비교적 선율이 살아있는 부분은 음송(音誦) 선율 등으로 나누고 기본 선율 진행과 결미 부분의 유형을 악보와 함께 분석한다. 변체군은 의례 음악 중 여러 가지 유형이 존재하는 부분이다. 선율과 리듬이 가장 다채로운 부분이라 할 수 있다. 예컨대 보허운, 징청운 등은 부르는 데 여러 가지 유형이 존재한다. 저자는 다양한 유형들을 변체라 하여 소개하고 있다. 합미군은 선율의 결말 부분에 나타나는 유형의 모음이다. 저자는 변체 계통에서 일정한 유형으로 나타나는 합미를 유형의 모음이다. 저자는 변체 계통에서 일정한 유형으로 나타나는 합미를 유형화하여 제시하고 있다. 총체 분석 부분은 기본 유형, 변체군, 합미군 등에서 분석한 가각의 유형들을 의례음악이라는 전체 속에서 간단히 소개한 장이다. 저자는 부분이 전체 속에서 조합되는 순서를 나열한다. 조과에 쓰이는 『조단공과경』만과에 쓰이는 『만단공과경』을 읽을 때, 각각의 유형들이 사용되는 순서를 나열하고, 좀더 복잡하고 긴 의례인 시식의례에 사용되는 유형들도 순서에 따라 제시하고 있다.

『무당운』은 『북경백운관도교음악연구』나 『중국민족민간기악곡집성·호북권』에 실린 <무당산궁관도악>이 궁관에서 일상적·반복적으로 행해지는 의례와 그 음악을 일반적으로 다루었다면, 『무당운』은 1994년 10월 무당산에서 거행된 한 법회에 초점을 맞추고 있다. 연구자들은 "채록자"로서 법회에 참가하여, 그 법회를 구성하는 의례 내용과 사용된 음악을 기록하였다. 연구 대상은 1994년 10월 11일 (음력 9월 7일)부터 10월 14일 (음력 9월 10일) 간에 무당산 자소궁에서 열린 진무대제를 위한 법회다. 무당산도교협회가 주관하고 자소궁 주지 왕광덕 도장이 총 집행을 맡았다. 앙광덕 도장은 무당산 도교 의례로 잘 알려진 고공이다.

연구의 내용은 경을 부르는 순서를 중심으로 한 의례 절차의 기록, 노래 가사에 해당하는 경문 기록 그리고 악보로 이루어 져 있다. 『북경백운관도교음악연구』나 <무당산궁관도악>과 비교할 때, 음악의 분석이나 의례와 관련된 제반 정보의 제공이 미미하다. 반면, 의례 음악의 일부분인 노래 가사 즉 경문을 함께 수록하여 좀더 포괄적으로 의례를 기록하고자 한 점이 두드러진다.

『북경백운관도교음악연구』와 『무당운』에서 알 수 있듯이 『중국전통의식음악연구계획계열총서』는 『중국민족민간기악곡집성』의 성과를 바탕으로 좀더 체계적이고 종합적인 접근을 시도하고 있음을 알 수 있다. 첫째, 대표적인 도교 궁관의 도교 음악을 연구 대상으로 선정한 점은 『중국민족민간기악곡집성』과 같지만, 접근 방식이 다양하다. 『북경백운관도교음악연구』의 경우, 한 명의 연구자가 비교적 오랜 시간에 걸쳐 백운관의 음악 공연자들에 해당하는 도사들과 지속적인 관계를 맺으며, 백운관에서 연주되는 가장 대표적이고 일반적인 음악을 선정하여 분석하였다. 『무당운』의 경우는 특수성에 초첨을 맞추었다. 연구자들은 무당운의 대가가 공연하는 특별하고 비일상적인 의례를 선택하여, 역할을 분담하고, 그 의례 음악에 관한 모든 것을 빠짐없이 기록하고자 노력하였다. 둘째, 음악을 중심으로 의례가 전개되는 종합적인 양상을 보여주고자 하였다. 『북경백운관도교음악연구』와 『무당운』은 연구 방식이나 그에 따른 서술 방식이 다르지만, 음악의 개별 요소 분석에 그치지 않고, 음악을 중심으로 의례 전체를 재구성하였다는 점이 특징적이다. 특히, 『북경백운관도교음악연구』의 예에서 알 수 있듯이, 궁관의 역사, 건축 등 음악과 관련된 주변 정보를 가능한 한 풍부하게 제공하여 음악에 관한 이해를 도우려 노력하고 있다.

3) 그 외 연구들

전공 분야를 막론하고 중국에 관한 연구가 세계적으로 활발한 지금, 중국음악에 관한 연구도 예외는 아니다. 그럼에도 도교 음악에 관한 연구들은 상대적으로 제한적일 뿐만 아니라, 소수의 연구자의 업적에 의존하고 있다고 볼 수 있다. 앞서 언급한 『중국전통의식음악연구계획계열총서』를 주도한 조본야가 그 중 하나다. 홍콩의 한 도관에서 거행한 의례에 사용된 음악을 정리 연구한 학위논문 Taoist Ritual Music of YU-Lan Pen-Hui (Feeding the Hungry Ghost Festival) in a Hong Kong Taoist Temple을 비롯하여, 편집자로 참여한 Studies of Taoist Rituals and Music of Today등이 있고, 한국에서 발표한 "Current Research of Daoist Ritual Music in China"와 "Soundscape of Daoist Rituals: Musical Values from the Insider's Perspective"가 있다. 또한 The Garland Encyclopedia of World Music의 East Asia: China, Japan and Korea에 "Religious Music in China: Daoist"을 싣기도 하였다. 그의 제자인 유홍이 발표한 "Daoist Ritual Music"은 조본야의 저서 『중국도교음악사략』과 논문 "Current Research of Daoist Ritual Music in China"와 시각을 공유한다. 스티븐 존스는 "Daoism and Instrumental Music of Jiangsu"에서 강소성의 도교 음악을 소개하였고, Folk Music of Jiangsu에서는 촌락에서 민속 음악의 한 부분으로서 도교 음악에 접근하고 있다. 쥬디스 볼츠는 "Singing to the Spirits of the Dead: A Daoist Ritual of Salvation"에서 혼령을 위로하는 대만의 보도 의례를 분석하였다.

4. 예술에서 '재현'과 '창조'

이제까지 중국 음악 분야에서 도교 음악을 비롯한 종교 음악이 상대적으로 미진할 수밖에 없었던 이유 중 하나는 중국이 공산주의국가라는 사실과 관련이 있다. 그러나 근래 종교 활동이 활발해짐에 따라 종교 분야의 예술 활동 또한 활기를 띄고 있다. 중국 정부도 중국 전통 문화의 보고하는 인식아래, 종교 예술을 적극 지원하고 있다.

종교 행사가 활발해짐에 따라 이에 따른 종교 예술의 전시 및 공연도 드물지 않게 되었다. 그 과정에서 예술의 형식, 형식에 영향을 미치는 미학의 문제가 대두되기 시작하였다. 그 중 음악, 특히 전통 음악에서 정격(正格), 원조(元祖) 문제는 공연과 연구 두 측면에서 논쟁거리였다. 도교 음악을 예로 들면, 음악을 공연하는 공연자들이나 그 음악을 감상하고 비평하는 연구자들이나 '무엇이 제대로 된 도교 음악인가'를 묻는다. 이 때, 흔히 답으로 제시되는 기준이 '오래된 것'이다. '오래된 것은 가치 있고 좋은 것이다.'라는 통념은 도교 음악분야에 통용된다. 음악 공연자들은 그들의 음악이 도교의 역사만큼이나 오래되고 그래서 가치 있는 것이라고 믿으며, 연구자들은 이 믿음을 뒷받침하고 있다.

『중국전통의식음악연구계획계열총서』, 『중국도교음악사략』에서와 같이, 도교 음악의 연원은 흔히 상고 시대로 거슬러 올라간다. 도교의 탄생 시점을 흔히 상고 시대로 추측하기 때문이다. 도교에서, 의례가 있는 곳에 의례 음악이 있다고 생각은 상식으로 받아들여진다. 따라서 도교 음악의 역사가 도교의 역사와 일치한다는 것이다. 도교 의례에 악기가 동원되거나 도사들이 경을 읽을 때 가락을 얻어서 읽는 일은 자연스러운 일이다. 도교 궁관에서 음악을 '공연'하는 도사들에게 '음악'이라는 개념이 생소하리만큼 일상적이다. 반면, 도교 연구자들에게 도교 음악은 도교 궁관에서 의례에 사용되는 음악으로 뚜렷이 인식된다. 경을 읽고 악기를 연주하는 도사들은 '음악가' 혹은 '공연자'이고 이들이 거행하는 의례는 '음악 공연'이다. 공연자와 연구자 사이에 음악에 관한 인식의 차이가 존재함에도 불구하고, 이들이 공유하는 관념은 도교 음악의 성립과 발전은 도교의 성립과 발전과 궤적을 같이 한다는 점, 그래서 도교 음악은 오랜 세월 도안 도교와 더불어 끊임없이 전승 발전되어 온 중국 전통 문화라는 점이다.

오랜 세월 동안 전승되어 온 도교 음악을 보존하고 전승된 바의 정격에 맞추어 재현한다는 과제는 꾸준히 실천되고 있다. 동시에, 새로운 형식의 음악을 창작하고 연주하고자 하는 움직임 또한 엿보인다. 2003년 3월 17일 북경 백운관에서 열린 도교절 행사에 맞추어, 3월 18일 북경 민족문화궁에서 열린 도교 음악회가 하나의 예이다. 의례에 사용되는 음악과는 전혀 다른 형식의 음악을 현대식 연주회장에서 지휘자의 지휘 아래 오케스트라가 연주하였다. 연주회에서 도교 음악은 하나의 예술 형식으로서 공연되고 감상되었다. 전승되어 온 음악을 충실하게 재현함으로써 도교 음악을 발전시키는 동시에, 전승된 음악을 충실하게 재현함으로써 도교 음악을 발전시키는 동시에, 전승된 음악을 바탕으로 새로운 음악적 시도를 모색하는 일은 오늘날의 도교 음악을 풍부하게 하는 데 필요한 일이다. 특히,

전통 공연 문화의 견지에서 본다면, 후자에 좀 더 노력을 기울일 필요가 있다. 도교 음악이 도교의 범주를 넘어 중국 공연 예술의 하나로서 확고히 자리잡기 위해서는 다양한 공연 형식과 음반 작업등을 통한 음악의 보급, 음악 창작 지원 등이 요청된다. 이를 위하여 미학에 변화가 필요하다. 도교 음악에 '오랜 전통을 가진 정격' 음악이라는 일률적인 잣대를 들이대는 일에서 벗어나, 도교 음악을 통해서 다양함과 새로움을 추구할 수 있다. 도교 음악과 도교는 밀접하게 연관되어 있다. 그러나 도교 음악의 공연이 꼭 도교의례의 거행이어야 하는 당위는 없다. 특히, 도교 음악이 중국 전통 공연 예술로서 도교의 범주 밖에서도 다양한 음악 형식의 하나로서 스스로를 확립하고자 한다면 도교라는 종교로부터 일정 거리가 필요하다.

5. 도교 의례와 예술

도교 음악에 관한 기존의 연구들은 편의상 연구 주제에 따라 특정 도교 사원에서 연주되는 궁관 음악과 특정 의례에 사용되는 의례 음악에 집중되어 있다. 궁관 음악은 도교 궁관에서 일상적으로 연주되는 음악에 초점을 맞춘 연구다. 특정 지역의 도관을 방문하여 그 도관에서 연주되는 음악을 채보하고, 악기를 조사하고 음악 분석과 더불어 도관의 역사 등을 소개하는 방식이다. 의례 음악은 특정 의례에서 연주되는 음악에 초점을 맞추는 경우다.

도교 음악 연구가 도교 궁관이 주관하는 의례에서 연주되는 의례 음악에 집중된 까닭에, 도교 음악 중에서도 특정 도교 궁관에서 연주되는 의례 음악의 범주에 속하지 않는 음악에 관한 연구는 상대적으로 적다고 할 수 있다. 예컨대, 중국 운남성 대리에서 연주되는 동경회(洞經會) 음악 혹은 동경고악(洞經古樂)은 중국 학자뿐만 아니라 외국 학자도 연구하는 비교적 잘 알려진 연구 주제임에도 궁관 음악이 아닌 까닭에 '도교 음악'이라는 연구 주제 하에 연구되지는 않는다.

도교음악사에 중요한 위치를 차지하고 있는 대표적인 궁관에서 대가가 공연하는 음악을 빠짐없이 기록하고 그 기록을 바탕으로 연구하는 일은 필수적이고 또 중요하다. 그러나 도교 음악을 좀 더 잘 이해하기 위해서는 연구 대상을 확대할 필요가 있다. 대표성과 정통성을 의심할 바 없는 오랜 역사를 가진 도교 궁관의 음악에만 연구가 집중된다면 여타 민속 음악으로 전승되고 있는 도교 음악, 새로운 형식으로 공연되고 창작되는 도교 음악 등 주변적인 도교 음악에 대한 연구를 통해 얻을 수 있는 성과가 사장될 것이다.

연구 대상의 확대는 연구 주제의 심화로 연결될 수 있다. 도교 음악의 정체성 문제가 그 한 예다. 오랜 전통을 가진 도교 궁관에서 거행되는 의례와 그 의례에 사용되는 음악을 채록하는 채록자는 정체성에 관한 문제를 쉽게 비켜갈 수 있다. 바꿔 말하면, 오랜 역사를 가진 도교 궁관의 음악을 '기록'하는 '채록자'는 연구자 스스로가 자신이 연구하는 음악을 도교 음악으로 정의해야 하는 부담을 덜 수 있다. 도교는 한의학에서 철학에 이르기까지 오랜 역사 속에 서로 다른 뿌리를 가진 다양한 전통을 포괄하는 복합적인 종교다. 도교 음악을 정의하기 위해 도교를 정의해야 한다면 연구자로서는 부담이 클 수밖에 없다. 그러나 역으로 도교 음악을 정의함으로서 도교를 정의할 수도 있을 것이다. 특히 도교 음악으로서 의심할 바 없는 정체성을 확보하지 못하고 도교 음악 범주의 경계에 위치한 음악에 관한 연구는 도교 음악, 나아가 도교의 정체성에 관한 문제를 제기하는 데 좋은 연구 주제가 될 것이다.

현재 사용되는 도교 음악의 구체적인 전승 경로와 양상을 연구하는 일도 중요하다. 연구자는 채록자로서 특정 궁관의 음악을 기록·정리하는 작업에서 그치지 말고, 그 음악이 어디로부터 누구에 의해 언제 어떻게 전승되어 오늘에 이르렀는지 구체적인 전승 과정에 관한 조사로 자신의 연구를 확대·발전시킬 수 있다. 현재의 도교 음악은 주로 전수 교육을 매개로 입에서 입으로 전해진 것이다. 그 구체적인 역사는 생략된 채, 현재 음악에 관한 기록 위에 상고 시대부터의 도교사가 덧붙여 져, 음악의 유래에 대한 설명을 대신한다면 충분한 설명이 되지 못한다.

도교 의례의 거행은 곧 도교 음악 공연이라고 볼 수 있을 정도로, 도교 의례에서 음악이 차지하는 비중은 절대적이다. 그러므로 현재까지의 도교 음악 공연과 연구는 도교 의례를 전제하고 음악을 재현하고 연구자들은 의례를 관찰하고 재현된 음악을 기록하였다. 그 과정에서 도교 음악은 중국 전통 예술의 일부분으로 자리를 잡아가기 시작하였고 귀중한 연구 업적들이 축적되었다. 그러나 현재까지의 업적을 바탕으로 앞으로 나아갈 바를 생각한다면, 도교 음악에 대한 관점을 확장할 필요가 있다.

도교 의례에서 음악은 필수 요소이지만, 도교 음악의 공연은 꼭 도교 의례를 통해서만 가능한 것은 아니다. 따라서 도교 의례 중심의 기존 성과를 견지하되, 공연의 형식과 내용, 연구의 과제와 주제를 넓혀야 한다. 기존의 시각으로는 현재 진행되고 있는 도교 음악 활동조차 설명하기 어렵다. 확장된 시각으로 도교 음악을 바라보면, 도교 음악의 공연과 연구가 단지 중국 문화권에 국한되는 것은 아니라는 점을 알게 된다. 동아시아, 동남아시아 국가의 다양한 의례와 음악에 산재하는 도교 음악과의 관련 요소를 새롭게 조망하는 일도 앞서 제시한 당면 과제의 연장선상에 있다고 할 수 있다.

참고문헌

閔智亭,『道教全眞科儀』, 臺北:文津出版社, 1998.

曹本冶 主編,『中國道教音樂史略』, 臺北:新文豐出版公司, 1996.

Johns, Stephen.1995. Folk Music of China. Oxford: Oxford University Press.

Li Ling ed. 1994. Zhongguo minzu minjian qiyuequ jicheng: Hubei (The Compilation of Chinese Instrumental Music: Hubei Province, 中國民族民間器樂曲集成: 湖北). Beijing: Xinhua Shudian. (In Chinese)

Li Ling ed. 1997. Zhongguo minzu minjian qiyuequ jicheng: Hebei (The Compilation of Chinese Instrumental Music: Hebei Province, 中國民族民間器樂曲集成: 河北). Beijing: Xinhua Shudian. (In Chinese)

Liu Hong.1999. Suzhou daojiao keyi yanjiu (Ritual Music in Suzhou, 蘇

州道教科儀音樂研究). Taibei: Xinwenfeng Chubangongsi. (In Chinese)

Pu Heng-qiang. 1993. Daojiao yu zhongguo chuantong yinyue (Daoism and Chinese Traditional Music, 道教與中國傳統音樂). Taibei: Wenjin Chubanshe. (In Chinese)

Tsao, Pen-Yeh and Daniel Law eds.1989. Studies of Taoist Rituals and Music of Today. Hong Kong: Chinese Music Archive and Society for Ethnomusicologal Research in Hong Kong.

Tsao, Pen-Yeh et al.1996. Zhongguo daojiao yinyue shilüe (The Brief History of Chinese Daoist Music, 中國道教音樂史略). Taibei: Xinwenfeng Chubangongsi. (In Chinese)

Wang Guang-de et al. 1999. Wudangyun (The Music in the Wudang Mountain Area, 武當韻). Taibei: Xinwenfeng Chubangongsi. (In Chinese)

Yang Yinliu. 1980. Zhongguo gudai yinyue shigao. (The History of Ancient Chinese Music, 中國古代音樂史考). Beijing: Renmin yinyue chubanshe. (In Chinese)

Zhang Hongyi. 2001. Beijing baiyunguan daojiao yinyue yanjiu (The Research of Daoist Music in Bai Yun Guan, Beijing, 北京白雲觀道教音樂研究). Taibei: Xinwenfeng Chubangongsi. (In Chinese)

Zhou Zhen- xi et al. 1994. Daojiao yinyue (Daoist Music, 道教音樂). Beijing: Yanshan Chubanshe. (In Chinese)

| Chapter 4 |

최 승희와 북한의 춤

김 채원

1. 머리말

북한에서는 기본적으로 예술을 예술 자체로 바라보는 것이 아니라 계급적인 관점이 투영된 것으로 본다. 때문에 지배 계급의 계급적 관점이 녹아있는 과거의 것을 개조하여 노동 계급 또는 인민의 관점이 투영된 새로운 내용으로 바꾸려는 시도를 해방 이후로 계속해 왔다. 이러한 관점은 예술가의 사상 개조를 중시하는 것으로 이어졌고, 결국 정치 정세와 이념의 변동에 따른 무용 정책의 변화를 통해 무용가의 사상은 물론 무용 작품의 내용과 형식의 변화를 의도적으로 추동해왔다.

북한 춤의 기반은 8.15해방 이후 월북한 무용인들과 북한 현지의 기생 출신 무용가들에 의해 조성되었지만, 그 가운데 가장 획기적인 기반을 조성한 인물은 최 승희를 비롯한 함 기봉, 최 가야, 이 석예 등과 발레의 정 지수, 한 동인 등을 들 수 있다. 특히 최 승희는 현대 무용을 기반으로 민족적이며 독창적인 새로운 조선 무용을 창조하여 북한의 무용 예술에 있어 위대한 선구자로 칭송되었다. 그것은 최 승희의 활동뿐 아니라 그녀가 주관한 <무용연구소>와 <국립무용극장>에서 창작된 작품들이 북한 무용의 토대가 되고 있는 데서도 알 수 있다. 그리하여 북한 무용의 기반 형성은 월북 이후의 최 승희의 활동을 통해 살펴볼 수 있다.

최 승희(1911~1969?)는 해방 전 일본 현대 무용의 선구자, 이시이 바꾸(石井漠) 밑에서 표현주의적 현대 무용을 배워 일본에서 '반도의 무희'로 인기를 끌었다. 그러나 조선이 해방된 후에는 친일파라는 명목으로 한국 무용계에서의 활동이 어려워지자 북한으로 건너가 활발한 무용 활동을 전개했다. 그녀는 최고 인민회의 대의원직에도 있을 정도로 조선 노동당의 정치 이데올로기를 충실히 반영한 창작 무용 활동을 활발히 펼쳐 나갔다. 1967년 일가족 감금이 보도된 후 추방 내지는 숙청된 것으로 전해지고 있었으나, 1990년대 이후 다시 명예가 회복되었고, 사망일도 1969년 8월 8일로 밝혀졌다. 하지만 최 승희의 추방, 명예 회복, 사망의 이유에 관해서는 여전히 명확하지 않다.

1988년 서울 올림픽 이후 월북 예술인에 대한 연구가 해금되면서 최 승희에 대한 학술계의 연구나 평전 등이 쏟아져 나왔고, 그녀의 생애를 다루는 보도 기획 또한 방송 매체를 통해 널리 방영되어 한국에서 활동하는 예술가의 이름은 모를지라도 최 승희의 이름은 일반인들조차도 알 수 있을 정도가 되었다. 그러나 일반적으로 알려져 있는 최 승희는 "비운의 예술가", "정치적 희생양"이라는 것이다. 과연 그녀는 희생양에 불과했을까? 정치와 이데올로기로부터 자유로울 수 있는 예술이 과연 존재하는지 의문이다. 최 승희와 북한 무용에 관해 연구를 계속해 온 필자는 이러한 의문을 제기하면서 북한의 문학

예술 이념과 정책적 기반이 마련되는 해방 공간 시기의 정황과 최 승희의 무용 행적을 고찰함으로써 북한 춤의 확립 기반에 대해 살펴보려고 한다.

2. 북한 예술의 이념

북한의 예술 이념과 정책은 김 일성이 정권을 장악한 1946년부터 본격적으로 마련되어갔다. 3월에 '북조선 예술 총련맹'(10월에 '북조선 문학예술 총동맹'으로 개편)을 결성하여 예술가의 단결과 사상 교양 운동으로부터 예술 활동을 전개해 나갔다. 5월 24일 김 일성에 의해 예술의 기본적 임무와 향후 예술 정책에 대한 방향이 제시되었는데, 요지는 당성, 노동 계급성, 인민성의 원칙을 고수하는 민주주의적 민족 문학예술을 건설한다는 것이었다. 민주주의적 민족 예술이란 인민의 사상과 감정, 민족적 특성과 혁명 발전의 요구에 맞는 예술을 말한다. 이러한 기본 방향은 3일 후인 5월 27일에 공포된 인민위원회 결정 제19호 '예술위원회 조직에 관한 건'을 통해 법제화되었고, 이를 집행할 기구로 '북조선 임시 인민위원회' 교육국 안에 예술위원회를 설치하는 조치를 취했다. 이렇게 법제화된 예술 정책은 민족 예술의 부흥을 전제로 하고 있었으나, 이때까지는 사회주의적 예술을 지향한다는 점을 명확히 하지 않았다.

예술에 대한 사회주의적 이념이 본격적으로 관철되기 시작한 것은 1947년 2월, 북조선 인민위원회가 조직되어 인민주의에 기초한 정치 조직이 마련되고부터이며, 3월에 당중앙위상무

위원회 제29차 회의에서 채택된 ‘북조선에서의 민주주의 민족 문화 건설에 관하여’를 통해 ‘민족적 형식에 사회주의적 내용’으로 문화 예술의 활동 지침이 결정된다. 이러한 예술의 목적을 실현하기 위해 김 일성은 새 민주 조선 건설 실현을 위해 예술인들은 인민의 현실을 반영하는 작품을 창작해야 하며, 그것은 예술인들이 현실 참여에 기반한 사회주의적 사실주의 창작 방법론에 의거할 때만이 인민 대중의 생활과 사상 감정, 그들의 지향을 옳게 반영해 낼 수 있다고 주장했다. 이 지침들은 1948년 2월 최 승희 무용 연구소 교원과 학생들에게 한 훈시를 통해 구체적으로 드러났다. 김 일성은 ‘우리 인민의 정서와 요구에 맞게 민족 무용을 발전시키자’는 연설에서 인민과 혁명 발전에 복무하며 조선 노동당의 정책을 정확히 반영하는 것이 예술의 임무와 생명이라고 하여 예술에서의 인민성, 노동 계급성, 당성 원칙을 제시하였다. 이로써 북한 예술의 이념적 토대가 마련되었다.

3. 북한의 무용 정책

조선 민주주의 인민 공화국의 수립 이후 북한의 무용 정책은 인민적인 무용 예술, 즉 대중화에 핵심을 두었으며, 이를 위해 무용 전문가 육성과 대중적 기반을 구축하기 위한 기관 및 단체 설립, 무용가의 정치 사상적 교양 강화에 역점을 둔 방침이 시행되었다. 해방 직후 사회주의 계열의 좌파가 장악하고 있던 북한에는 무용 정책을 시행할 인적 토대가 열악한 상황이었다. 인민의 요구에 맞는 민족 무용 예술을 건설하기 위해서는 이를 수행하는 인재, 즉 안무가, 무용수, 무용음악 작곡가, 연주가, 무대 미술가와 같은 무용 창조 역량이나 극장, 의상, 소도구, 악기 등의 예술 창작 조건이 갖추어져 있어야 했다. 무용 창조 역량과 예술 창작 조건이 구비되지 않았고, 더욱이 소규모 무용 단체들이 산발적으로 조직되고 있는 상태에서는 문화 전사로서의 임무를 성과적으로 수행할 수 없다고 판단한 북한은 국가적 차원에서 무용 예술 사업을 보장하고 장려할 조치의 필요성을 절감하였다. 이에 '민주주의적이며 인민적인 무용 예술 정책'을 구현하기 위한 구체적인 방침을 펼쳐나갔다.

1946년 8월 10일 주요 산업에 대한 국유화 법령이 채택되어 극장을 비롯한 영화관, 문화 예술 기관들이 국가 소유가 되었고, 중앙과 지방의 무용 단체를 조직하면서 이미 조직된 단체는 음악 무용 예술 단체로 통합하는 조치를 취해 나갔다. 중앙의 무용 단체로는 최 승희 무용 연구소가 1946년 8월에 개설되어 무용 창조와 공연 활동뿐만 아니라 북한의 무용 인재를 양성하여 중앙과 지방 예술 단체 및 교육 기관에 보급하는 양성 기지로서의 역할을 담당했다. 평양에는 정 지수의 무용 연구소와 <봉산탈춤 보존회>도 있었다. 1948년에 개설된 정 지수 무용 연구소에 관한 활동 기록은 분명치 않다. 다만 1950년도 발행의 <조선 중앙 년감>을 보면 1948년에 통합된 국립 예술극장 무용단의 공연에 정 지수 안무의 작품이 기록되어 있고, 또한 무용인 양성을 위한 정부의 적극적인 지원이 최 승희 무용 연구소에 편중되어 있었으므로 그의 연구소는 개설 직후에 국립 예술극장으로 편입되었을 것으로 추정된다. <봉산탈춤 보존회>의 활동은 6월에 있던 조소 예술 교류 공연을 계기로 시작되었으며, 민족 문화 유산의 비판적 계승 방침에 의거한 것이었다. 그러나 보존회가 지금도 존재하는가는 확실치 않다. 김 일성이 1948년에 무용 교원들과의 대담 '우리 인민의 요구와 정서에 맞게 민족 무용을 발전시키자'고 말한 데서도 확인할 수 있듯이, 북한은 '우수한 민족 무용 유산'으로서의 전통을 그대로 전승하기보다는 당대의 현실적 요구에 맞게 현대적으로 발전시켜 계승함을 기본 원칙으로 하고 있었기 때문에 그 존재 가능성은 매우 희박하다. 이러한 사실은 외국인에 소개되는 민속 예술 공연 녹화 필름을 보아도 명백히 알 수 있다. 영상 자료에 담겨진 여러 민속놀이는 기법이나 구성 형식이 현대적으로 탈바꿈되어 연행되고 있었다.

이 시기 지방 무용 단체로는 평안북도, 황해도, 함경남도에 조직된 무용 연구소와 음악, 무용, 화술 등에 의한 종합 예술 단체인 도농민 이동 예술대가 있었으며, 각 지방에 조직되었던 소규모 예술 단체들은 1947년 4월 17일 북조선 인민 위원회의 결정에 따라 각 지역의 이동 예술대로 통합되었다가 1949년에서 1950년 사이에 도립 악단들로 개편되었다. 또한 가극, 창극, 무용극 발전을 위해 산발적으로 창작 활동을 벌여온 국립 교향악단과 국립 합창단, 북조선 고전악 연구소와 무용 단체들을 국립 예술극장으로 통합하여 중앙으로 집중시켰다. 1949년 2월 27일자 노동신문에는 전년도 문예총 중앙위 사업을 총결산하는 제 3차 전체회의 개막을 알리면서 국립 예술극장에서 내놓은 "가극 온달"을 높이 평가하고 있다. 이 기사를 통해 국립 예술극장은 민족적 소재와 형식을 바탕으로 종합 예술 창작을 지향했던 것으로 추정된다. 행정국과 근로 단체 산하 예술단으로는 보안 간부 훈련 대대부 협주단이 조선 인민군 협주단으로, 내무국 협주단과 교통국 예술단, 노동자 예술단, 농민 예술단, 청년 예술단이 중앙 기관으로 조직되었다.

한편 1946년 9월 27일 노동당 직속의 문학예술인 조직인 '북조선 예술 총련맹'산하에 무용 위원회를 설치하여 무용인의 혁명 사상을 고취시키고 당의 문예 정책을 관철해 나가도록 하였다. 이미 3월에 무용부라는 산하 기구가 있었으나 무용인을 양성하기 위한 토대의 부족함을 절감하면서 우선 무용인 대열을 조직, 정비하는 기능을 강화하여 무용 위원회로 발전시켰다. 무용 위원회에서는 해방 전부터 활동한 예술인을 민족무용 건설에 적극 영입할 것을 요구하였다. 해방 공간 시기에 서울을 중심으로 활동했던 사회주의 계열을 비롯한 많은 문화예술인들이 한국 전쟁을 거치면서 자진이나 강요에 의해 월북하게 된 정치적 배경이 여기에 있다. 최 승희나 이 석예, 정지수, 김 백봉 등의 예를 보면 그 상황은 쉽게 추정할 수 있다. 무용 위원회는 무용인의 활동을 보장하면서 사상을 개조하고 노동 계급의 혁명 사상으로 무장하도록 요구하였다. 결국 무용인 대열을 조직, 정비하는 궁극적 목표는 무용인의 정치적 각성과 사상적 통일, 무용인들의 단결을 통한 무용 예술의 양적, 질적 강화에 있었고, 사회주의 체제 마련을 위한 무용인의 사상 투쟁과 사상 교양에 있었던 것이다.

1946년 12월 3일 당중앙위 상무 위원회 제14차 회의에서 '사상 의식을 개혁하기 위한 투쟁을 전개할 것'이 결정되었고,

1947년 3월 28일 제29차 회의에서는 '북조선의 민주주의적 민족 문화 건설에 관하여'를 통해 예술지상주의 잔재 청산을 비롯하여 사실주의적 창작 방법에 의거한 작품 창작과 대중적 기반 구축에 대한 과제가 제시되었다. 이에 따라 <중앙 예술 공작단>(1947.1)을 필두로 극장망 체계를 확립하면서 예술의 사상성과 예술성을 강화하여 무용의 대중적 기반을 구축하기 위한 무용 사업을 전개해 나갔다. 대중적 기반의 확충은 각 지방에 조직된 무용 소조로 담보되었는데, 『조선 전사 24』에 의하면, 1946년부터 북한은 무용의 대중화 사업 방침에 따라 전국에 무용 소조를 조직하기 시작했고, 그 규모는 1949년에 이르러 약 1400조에 달하며, 소조원은 15.525명을 넘었다고 한다. 소조의 역할은 음악 소조와 더불어 군중 집회나 시위, 국가 행사, 정치 행사 등에 참가하여 당의 정책을 선전하고 노동자의 건설 투쟁을 고무하는 데 복무하는 것이라고 밝히고 있다. 무용 소조의 활성화 여부는 1950년 4월에 금화군 등지에서 열린 군민을 위한 예술 공연 등을 통해 짐작할 수 있다.

이처럼 북한은 해방 공간 시기부터 무용 정책의 기본적인 토대를 갖추면서 사회주의 건설기인 1960년까지 민주주의적 민족 문학예술을 건설하기 위한 기관의 설치와 무용가 육성에 힘을 쏟았다. 이후 한국 전쟁 때에는 전투성과 선동성을 강조하는 예술 작품 창작과 기동성을 발휘하는 공연 체계를 통해 인민군과 인민을 격려했으며, 전쟁 후에는 본격적인 사회주의 체제로 나가면서 예술 기관의 재정비와 예술가 육성 및 예술가의 사상성 등을 재고해 나갔다. 1960년대 유일사상의 확립기는 캄보디아 전쟁과 카리브 해의 위기로 국방과 경제의 발전을 병행하여 추진하게 되는 시기로, 무용 작품에서는 혁명성과 전투성이 강조되고 천리마 정신을 반영한 작품 창작과 항일 혁명 전통의 구축에 전력을 다한다. 유일사상 확립에 이어 주체 사상의 완성기는 1970년 11월에 열린 조선 노동당 제5차 대회에서 사상 · 기술 · 문화의 3대 혁명이 제창된 이후로, 사회주의적 사실주의의 창작 방법에 근거한 혁명적 무용작품을 창작하여 주체 예술로서의 무용을 확립하는데 힘을 쏟았다. 1980년대 중반 이후에는 소련과 동구권 사회주의 국가의 붕괴로 북한은 대내외적 고립과 경제난 등의 위기에 봉착했다. 이를 해결하기 위한 방편으로 김 정일은 1986년에 '조선 민족 제일주의'를 제창했으며, 이후 북한은 다른 사회주의 국가와 차별성을 두기 위해 '우리식 사회주의'를 전면에 내세우며 민족적 우월성과 정통성을 강조했다. 무용 분야에서는 지도 체제의 구축과 이론 체계가 완성되는 한편 주체 사상과 유일 체계를 철저히 반영한 작품 창작을 통해 인민의 사상을 공고히 하는데 주력했다. 이러한 이념적 공고화와 방침은 조선 민족 제일주의가 전면적으로 부상한 1990년대까지 이어졌으며, 김 일성의 사후에는 '붉은 기 사상'이 대두되면서 사상성과 혁명성이 다시 강조되는 복고적인 경향으로 돌아섰다. 그러나 김 정일 체제가 안정적으로 자리를 굳히는 2000년대에 오면 '선군 사상'이 지도 이념으로 부각되면서 선군 혁명 위업에 충실한 무용예술 작품 창작을 독려해 왔다.

4. 최 승희의 무용 활동

한일 합방(1910) 이듬해에 서울에서 태어난 최 승희는 1926년 이시이 바꾸를 따라 일본으로 건너가 현대 무용을 배우던 중 1927년에 일본과 조선 공연에서 「세레나데」 작품에 출연하여 무용계에 데뷔한 이후, '반도의 신인 무용가'로 주목받기 시작했다. 1929년에 서울로 돌아와 <무용 연구소>를 열고 주로 이시이 바꾸의 무용 스타일을 모방한 현대 무용 작품으로 무용 활동을 전개해 나갔다. 이때 창작된 작품의 주제나 내용은 피지배 민족의 애환이나 자유에의 동경, 약자의 좌절과 희생 등, 현실의식적인 저항 정신이 반영된 것이었다. 그러나 현대 무용에 대한 일반 대중의 공감을 얻어내지 못하고 "주먹춤"이라는 폄하적인 비난과 조선 총독부의 감시 속에 이루어진 공연은 결국 흥행 실패로 이어지는 등 경제적인 고통에 시달리게 된다. 1931년, 후일 그녀의 예술 활동과 방향에 지대한 영향을 미치게 되는 카프 동인 안 막과의 결혼 후 그의 뒷받침으로 2회의 신작 발표회를 비롯하여 조선 순회 공연을 벌였지만, 같은 해 10월 '조선 독립 음모 사건'으로 안 막이 검거되자 더 이상 무용 활동을 지탱해 나갈 수 없게 된다. 1933년에 재기를 위해 일본으로 건너간 최 승희는 1934년에 여류 무용 대회에 처음으로 조선의 민속 무용을 편작한 「에헤야 노아라」와 「에레지」를 선보인 후, 3일 후에 일본 청년관에서 제1회 무용 발표회를 갖고 탁월한 신인 무용가로 다시 주목받기 시작했다. 이때 호평을 받은 작품은 주로 현대 무용 수법에 조선의 민속적 소재나 불교적 색채를 결합시킨 것으로 낭만주의적 성향의 민족주의의 발현으로 해석되기도 한다. 이 시기는 이전의 현대 무용적 작품으로부터 창작 방향의 전환을 시도한 때로, 당시 일본 문학계로부터 "서양 무용 방면에서의 제일인자"로 높이 평가받았을 뿐 아니라 창작 무용가로서도 인정받기 시작하면서 일본을 중심으로 장기 독무 공연과 신작 발표회를 정열적으로 펼쳐나갔다. 1937년부터 1940년 12월까지 미국을 비롯한 유럽, 중남미 각국에서의 순회 공연을 통해 '동양의 무희'로 각광을 받으면서 세계에서 손꼽는 3인의 동양 무용가로 발돋움한다. 1941년 태평양 전쟁의 발발로 문화 예술계도 전시 체제하에 돌입하게 되자 더 이상 조선을 소재로 한 무용만을 고집할 수 없게 된 최 승희는 당시 세계 무용계의 한 흐름이었던 '오리엔탈리즘'을 지향하는 작품 창작에 힘을 쏟았다. 그녀가 '동양 무용의 창조'를 이슈화함으로써 예술 창조의 방향 전환을 보였던 점은 당시의 모든 무용인들이 창가나 군가에 맞춰 '대동아 건설'을 격찬하는 작품을 창작했던 것에 비하면 특기할 만한 사실로 높이 평가받을 만하다. 이후 <전시 동원령>이 선포되자 조선 총독부의 강요에 못 이겨 황군 위문 공연단을 이끌고 중국 대륙으로 건너가 일반 공연과 전선 위문 공연을 겸한 활동을 펼치는 한편, 1944년 <동방 무용 연구소>를 개설한 최 승희는 경극, 곤극, 영화, 회화, 연극 작품을 감상하고 중국의 전통 복식과 음악이나 고시(古詩)에 나타난 고대 여인에 관한 참고서나 문헌을 연구하여 중국 여성의 미(美)나 불교와 천상 세계를 소재로 한 작품 창작과 후진 양성에 힘을 쏟았다.

1945년 8월 15일 상해에서 황군 위문 공연을 펼치고 있을 때 일본의 패전 소식을 전해들은 최 승희는 북경을 거쳐 조선으로 힘겨운 귀국을 했다. 1946년 5월 29일에 인천항으로 상륙한 그녀를 기다린 것은 뜨거운 환영 인사가 아니라 '친일파'라는 딱지와 비난이었다. 조선 무용가로 세계적으로 명성을 떨친 최 승희는 태평양 전쟁이 발발하자 일본 제국주의자들로부터 친일적 작품의 창작과 황군 위문 공연에 나설 것을 강요당했고, 춤을 계속하기 위해 협조할 수밖에 없었던 그녀는 당시 세계적 흐름이었던 오리엔탈리즘을 내세운 작품을 창작했다. 예술에서의 창작 활동이 통제될 수밖에 없던 일제하에서 최 승희는 자신이 그동안 창작한 일본적, 중국적, 조선적 작품들을 가지고 황군 위문단 공연에 나섰던 것이다. 자신의 명성을 이용하여 일반 공연을 겸해서 펼쳐진 최 승희의 황군 위문 공연은 강제 징용으로 끌려간 조선 학도병들에게는 민족의 자존심을, 일본군 병사들에게는 고향에 대한 향수를 느끼게 해줬다. 그러나 해방을 맞은 조선의 문화계와 언론계는 최 승희를 곱게 보지 않았다. 결국 미군정의 비호 아래 친일 인사들이 정권을 휘두르고 있었음에도 그녀는 무용 활동을 펼칠 수 없었다. 해방 직후 조 택원이 회장을 맡은 한국 최초의 '조선 무용 예술 협회'는 최 승희를 현대 무용부 수석 위원으로 배치하고 창단 공연을 8월 5일부터 3일간 선보였다. 그러나 그녀가 7월 말경 월북한 것으로 보아 그녀와 비슷한 처지에 있던 조 택원을 비롯한 일부 무용인을 제외하고는 조선문화 건설 중앙 협의회와 언론계의 비난을 감내하지 못하고 평양으로 향했기 때문에 협회 활동을 전혀 하지 못한 것으로 보인다.

이즈음 북한에서는 소련군의 협력으로 '일제 청산'을 통한 민주주의를 추진하면서 해방 이전부터 활동했던 남한의 문화 예술인들을 포섭하기 위한 사업을 진행시켰다. 이러한 때에 남한에서 무용 활동을 펼치지 못하고 있던 최 승희는 안 막의 설득으로 평양행을 선택하였다. 그 길만이 무용 활동을 계속할 수 있을 것으로 판단했기 때문이다. 평양에서 김 일성과의 면담 후 무용 활동을 보장받은 그녀는 대동강 연안에 자리한 저택을 개조하여 무용 연구소를 개설했다. <최 승희 무용 연구소>는 북한이 시행한 예술인 양성 사업의 일환으로 평양에 설립된 중앙 예술 기관의 하나이다. 평양의 예술 전문 기관으로 3~4년 과정의 평양 음악 학교, 평양 미술 연구소, 최 승희 무용 연구소, 평양 연극학교 등이 있었다. 당시 조선문화 예술동맹 부위원장으로 북의 문화 예술계를 지도하고 있던 남편 안 막의 조언과 비호 아래 순조롭게 발족된 무용 연구소는 신문이나 각 학교에 모집 요강을 배포하여 연구생을 모집하였다. 3개월 주기로 모집된 연구생의 연수 기간은 3년이며, 성적이 우수한 연구생에게는 정부로부터 장학금을 지급하였다. 처음에 최 승희의 제자들 10여명과 북한에서 모집한 20여명의 학생으로 시작한 무용연구소는 얼마 지나지 않아 50여명으로 늘어났다. 이들은 후일 북한의 각 지역에 파견되어 무용 소조를 지도하였다. '근로자 출신의 무용 예술인을 육성 강화'하라는 김일성의 교시에 따라 노동자, 농민, 학생들로 조직된 각 지방의 무용 소조 활동을 활성화하여 재능 있는 신인을 발굴해 무용 연구소에서 배우게 하였다. 무용 연구소에서 훈련을 받은 졸업생들은 중앙과 각 지방에 파견되어 정부의 물적 지원을 받으며 무용가 내지는 무용지도자로 활동할 수 있었다. 무용인 양성 기지 역할을 한 무용 연구소에서 이후 북한 무용계를 짊어지고 나갈 무용 창작가와 무용 배우가 다수 배출되었으며, 이로써 무용 창작과 공연 활동이 활발하게 전개될 수 있는 토대가 마련되어져 갔다.

1947년 3월에 무용 연구소 제1기생들의 졸업 발표회를 시작으로 5월에는 <비 내리는 밤>으로 신의주에서 월북 이후의 첫 발표회를 가졌고, 7월 2일에는 국립 교향악단과 더불어 미소 공동 위원회 대표단을 환영하는 음악무용회를 개최하여 양국 대표단으로부터 절찬을 받았다. 8월에는 북조선 문화예술 축전에 참가하여 무용극을 시도한 작품을 선보였으며, 이때 발표된 작품은 <지장보살>(1947), <천하대장군>(1937), <아리랑>(1947), <초립동>(1937)등이 있다. 같은 해 6월에는 체코슬로바키아의 프라하에서 열린 제1회 세계 청년학생 축전에 무용단을 이끌고 참가하여 조선을 선전했다.

해방 이후 '코리안 발레', 즉 민족 무용극 창조의 포부를 밝혔던 최 승희가 처음 창작한 무용극은 1949년 10월에 발표한 <반야월성곡>이다. 이에 앞서 1948년 6월에 모란봉극장에서 있던 남북 연석회의 경축 행사에 참가하여 무용시 <해방의 노래>로 해방된 민중의 기쁨을 노래하기도 했다. 작곡가 안 기옥의 민족 음악 반주에 맞춰 추어진 민족 무용극 <반야월성곡>은 봉건 시대를 배경으로 민중의 반봉건 투쟁을 그녀의 독특한 움직임으로 표현하여 새로운 경지를 연 작품으로 평가되었으며, 최 승희가 처음으로 김 일성 수상에게 바친 헌무인 <해방의 노래>는 3부작으로 1부는 고대 조선을 형상화했고, 2부는 일본 제국주의 침략 시기의 조선 인민들의 비참한 모습,

3부는 소련 군대에 의해 해방된 조선 인민의 즐거움을 표현한 것이었으나, 현실을 생동하게 표현하지 못한 작품으로 평가되었다. 민족 무용극을 창조하는 데 있어 춤 형식은 물론 표현성을 지닌 무용 음악을 위한 악기의 필요성을 절감했던 그녀는 1949년에 설립된 국립 음악 대학의 초대 학장으로 취임한 안막에게 전통 악기의 개조를 의뢰한다. 최 승희가 제안한 민족 악기의 개량은 국립 음악 대학 교수들에 의해 실행에 옮겨졌으며, 무용극 <반야월성곡>을 완성할 수 있었다. 이때부터 북한의 악기 개량은 시작된 것으로 보인다.

1948년부터는 무용 연구소의 제자들과 함께 8 · 15예술 축전 무용 콩쿠르 참가와 무용 연구소 장기 공연을 평양 등지에서 펼쳤다. 특히 3개월 주기로 신진 무용가의 데뷔 공연을 주관하기도 하였던 바, 1월에 안 성희 무용 공연, 3월에 김 백봉 공연, 6월에는 정 지수 무용 공연이 있었다. 이 시기 그녀의 무용 공연은 독무 형태로 벌였던 이전과는 다르게 무용 연구소 단원을 중심으로 하는 집단적인 군무 형태로 이루어졌다. 북한 내에서 뿐만 아니라 같은 해 12월에는 북경에서, 그리고 한국 전쟁 직전인 1950년 6월에는 무용 연구소 단원이 중심을 이룬 방소 예술단을 이끌고 소련 순회 공연에 나서기도 했다. '조선의 새로운 무용가의 전형'으로 높은 찬사를 받으며 무용가로 성장한 최 승희의 딸 안 성희 역시 그녀와 함께 국내외 공연에 주요 무용수로 참가했다. 제1차 세계 청년학생 축전이 열린 프라하에서 세계 무대로의 데뷔를 장식한 안 성희는 베를린과 모스크바의 무용 학교를 거쳐 소련 연극 대학 연출과를 졸업하고 모스크바와 북경 등지에서 뛰어난 무용수와 안무가로서의 재능을 인정받았다. 국제적인 무용가로서의 명성을 얻게 된 안 성희의 활동으로 최 승희의 무용 활동은 더욱 발전된 형태로 힘 있게 펼쳐질 수 있었다.

소련에서 선보인 대표 작품은 <반야월성곡>이었다. 해방 공간 시기에 발표된 작품들은 <해방의 노래>, <반야월성곡>, <늙은 어부(풍랑을 뚫고)>, <춘향전>, <검무>, <석굴암의 벽화>, <장단과 춤>, <장고춤>, <승무>, <초립동>, <봄노래>, <부채춤>, <노사공>, <천하대장군>, <목동과 처녀>, <화변악>, <북춤>, <조쏘친선야회>, <수확의 기쁨(농악무)>, <탈춤> 등이 있다.

1950년 발행의 <조선 중앙 년감>에는 1949년에 있던 최 승희 무용 연구소의 공연 작품은 대체로 '고전무용을 창조적으로 계승 발전시킨' 것이라고 기록하고 있듯, 해방 이전에 창작한 조선 민속을 소재로 한 작품과 월북 이후 시도된 민족 무용극 형식의 작품들로 구성되었다. 북한이 사회주의 체제를 준비하는 과도기적 시기였던 이유로 작품 창작에 대한 제약이나 규제가 심하지 않았기 때문에 소재와 내용에서 다양성을 보여주는 작품들을 가지고 공연활동을 벌일 수 있었다. 그러나 50년대로 넘어가면서 사정은 조금씩 달라졌다. 그녀가 창작한 작품 가운데 조선 민족을 소재로 하거나 노동당 무용 정책에 일조하는 작품들만이 이후에 계속 공연되어졌다. 민족적 형식과 사회주의적 내용을 원칙으로 하는 예술 정책이 확립되면서 작품 창작에의 검열과 제재가 강화된 때문이다. 이 시기 김 일성과 노동당의 문화부장이 된 안 막의 지지와 지원 아래 최 승희는 1948년 국립 예술극장 초대 총장 겸 북조선 문학예술 총동맹 산하 무용 동맹 중앙 위원회 위원장에 취임, 같은 해 12

월 평양 지구의 조선 인민 위원회 총선거에서 당선되어 최고 인민 회의 대의원에 선출됨으로서 북한의 문화 정책에도 적극적으로 참여하기 시작했다. 이리하여 최 승희의 권력적 토대는 1946년에서 1950년 사이에 이미 마련되어졌다고 하겠다.

1950년 북한의 예술단을 이끌고 소련을 순회하던 중 한국전쟁이 발발하자 평양에서의 활동이 어려워진 최 승희는 1951년에 중국 주 은래 수상의 도움으로 중국 중앙 희극원에 <최 승희 무용 연구반>을 개설한다. 한족 및 조선족 무용 인재 200여 명을 배출해 내면서 중국의 고전 무용과 조선의 민간 무용을 연구하여 기본 동작을 정리하여 발표했으며, 그 기초법을 전수하여 무용 교육과 실천에 노력하는 한편 매란방을 도와 경극의 기본 기술을 정리하고 텍스트 작성에도 협력했다. 후진 양성과 무용 연구에 몰두하면서 무용극 <조선의 어머니>나 무용조곡 <평화의 노래>를 창작, 북경이나 상해를 비롯한 중국 대도시 순회 공연을 통해 조선 무용을 선전하기도 한다. 안 기옥 음악 반주의 <조선의 어머니>는 미공군의 폭격에 자식을 잃은 어머니의 분노와 슬픔, 그리고 유격대를 만나면서 혁명전사로 새롭게 태어난다는 이야기를 담고 있다. 이 외에 전쟁 시기에 중국과 몽고, 조선을 넘나들며 벌인 위문 공연과 일반 순회 공연에서 발표된 대표적인 작품으로는 <목동과 처녀>, <전선의 밤>, <여성빨치산>, <승리의 노래> 등이 있다. 전쟁 종결 후 평양으로 돌아온 최 승희는 첫 장막 무용극 <사도성 이야기>를 발표한데 이어 이를 무용 영화로 제작함으로써 아시아 최초의 총천연 무용영화로서의 기록을 남긴다. 단소의 명인 최 옥삼이 음악을 맡은 작품으로, 북한 내 무용계는 물론 발레 언어만이 무용극 창조가 가능하다고 여겼던 많은 사회주의 국가 무용계에 민족적 무용 언어로도 가능함을 인식시킨 일대 사건적 작품이었다. <사도성 이야기> 발표 이후 더욱 세련된 기교로 <맑은 하늘 아래서>나 <계월향> 등 인민 계관상 수상의 무용극을 연이어 창작함으로써 무용가로서의 자리를 확고히 다진다. 1952년에 공훈 배우 칭호를 수여한 데 이어 1953년에는 인민 배우로 승격되었으며, 국립 무용 극장 총장, 평양 무용 학교장은 물론, 1957년 최고 인민 회의 대의원직 재선에 이어 1961년에는 조선 무용가 동맹 중앙 위원회 위원장과 조국 평화 통일 위원회 위원직에 취임하여 인민을 고무하고 세계 평화를 위한 사회 활동에도 적극적으로 복무한다. 또한 1947년부터 1967년까지 북한을 대표하는 무용 예술단을 이끌고 매년 평양에서 열린 8.15 해방 경축 대회와 7월에서 8월 사이에 열린 세계 청년학생 축전 등에 무용 소품을 가지고 참가했으며, 1950년 초와 1954년, 1957년에는 사회주의 국가를 비롯한 아시아, 아프리카, 동유럽에서의 친선 교류 공연을 펼쳐 북한과 조선 무용을 세계에 알리는 선전 선동가로서의 임무를 완수한다. 더불어 부다페스트(1948)와 북경(1949)에서 개최된 부녀 대표 대회에도 북한 대표의 여성 위원으로 참가했고, 국내의 국가적인 경축 행사에도 예술단의 책임자 내지는 무용가로 참가하는 활약상을 보인다.

한편, 저술 활동으로 조선 무용의 기본을 체계적으로 정리한 『조선 민족 무용 기본』과 『조선 아동 무용 기본』등을 출판했고, 무용예술의 발전을 위한 무용 이론 구축과 창작 실천에서 해결해야 할 문제와 과제 등을 제시한 「무용 소품의 사상예술적 깊이를 위해」와 「조선 무용 동작과 기법의 우수성 및 민족적 특성」등의 논문을 발표했다. 특히 『조선 민족 무용 기본』은 30여 년간에 걸친 무용 경험을 체계화시킨 것으로 조선 무용 동작의 교본으로서 오늘날에도 북한 무용 기본 훈련의 지침서가 되고 있다. 이처럼 폭넓은 활동을 펼친 최 승희는 1960년 <무용 생활 30주년 기념 공연>과 1967년에 개최된 세계 청년 학생 축전의 <조선의 밤>에 출연한 것을 마지막으로 무용계에서 사라진다. 그녀의 숙청을 둘러싸고 많은 풍문과 증언들이 나오고 있으나, 그녀의 조카인 최 로사(시인)씨의 증언에 의하면 숙청된 최 승희는 1975년까지 양강도에서 무용 교사로 재직하다가 병으로 타계했다는 것이다. 그러나 그녀가 어떤 최후를 맞이했는가보다 더 중요한 것은 어떠한 배경과 조건 속에서 숙청될 수밖에 없었는가 하는 것이며, 이는 예술과 정치 혹은 예술과 이데올로기의 관계를 풀어가는 문제로 계속해서 규명해 나가야 할 부분일 것이다.

5. 최 승희가 북한 무용계에 남긴 업적

최 승희의 활동은 크게 무용 교육 활동, 창작가로서의 활동으로 나누어 볼 수 있다. 먼저 무용 교육자로서 무용 실기와 정치 이론의 수업을 실시하여 500여 명에 달하는 무용 인재를 육성하는데 힘써 후일 북한의 무용예술계를 이끌고 나가는 뛰어난 무용가, 무용 교육가, 무용 이론가, 무용 안무가 등을 배출해냈다. 또한 이들을 이끌고 '무용 창작 집단'을 구성하여 민중과 생활을 함께하는 현지 체험을 통해 창작의 소재를 획득해내는 전통을 세웠으며, 조선 노동당의 문예 정책에 협력하면서 무용 지도자를 전국에 파견하여 무용 보급과 대중화에도 공헌했다. 이때 만들어진 현장 체험을 통한 작품 창작의 전통은 오늘날에도 이어져 실행되고 있다. 뿐만 아니라 조선 무용의 기본 동작을 이론적으로 체계화함으로써 북한 무용 이론의 초석을 다지는 데 공헌했다. 그녀의 무용 이론은 북한의 무용 필독서인 『무용의 기초 이론』(1982)과 『무용 예술론』(1992) 등의 기초가 되었다. 조선에서 뿐 아니라 중국에서 개설한 무용 연구반에서의 후진 양성에 매진한 결과 후일 중국 무용계를 이끌어 나가는 많은 인재를 배출했으며, 그녀의 무용 체계와 연구 자세, 그리고 무용 기초의 정리는 중국 무용의 체계적 발전과 조선족 무용 체계 형성 및 기초 확립에 있어 모범적 전형으로 전승되었다.

다음으로 창작 예술가로서, '무용 창작 집단'을 이끌고 대형 무대 형식으로서의 무용극, 무용 서사시, 음악무용 서사시, 무용 조곡, 그리고 소품 형식의 민속 무용과 아동 무용 등 다양한 형식을 창안해냈다. 이러한 무용예술 형식은 북한 무용의 형식적 기초를 마련하게 되었으며, 무용 소품의 대부분은 오늘에까지 계승되고 있다. 북한에서 창작된 그녀의 작품에는 계급운동으로서의 민족주의가 반영되어 있었고, 그녀의 의식 속에 자리하고 있던 저항 정신은 북한의 무용 정책과 맞물리면서 보다 정치성이 강한 애국주의 사상으로 전환했다. 또한 그 형상에 있어 이전에는 민족적인 저항 정신이 개인의 표현성에 의한 것이었던 데 반해 월북 이후에는 집단화된 사회주의적 애국주의로 변화, 확대되었다. 이러한 사상은 조선의 민속을 현대화하여 사실주의 기법을 거쳐 창작한 권선징악과 조선 민족의 노동애와 조국애를 주제로 한 작품들에서 잘 드러난다. 그녀는 애국 사상을 반영한 '코리안 발레'를 창작하여 사람들을 공산주의로 교양하고 사회주의 국가에서 무용예술이 맡아야 할 임무에 매진했으며, 그녀가 창작해낸 작품 형식이나 작품 주제 및 기법들은 이후 북한의 주체적 혁명 무용예술의 기틀 마련에 모태가 되었다.

북한에서의 최 승희의 무용 행적을 통해 그녀는 민족 정신을 고수한다는 측면에서 북한의 입장과 사상적 합치를 보였고, 김 일성의 측면에서는 이용 가치의 충분 요건을 지녔던 최 승희였기에 사회주의 체제하에서도 특별한 존재로서 재정적, 인적 지원을 보장받으면서 체제 순응적이지만 비교적 자유로운 활동을 벌여나갔음을 짐작할 수 있다. 보장받은 무용 활동의 결과 '최 승희 무용' 체계의 확립은 물론 조선 무용의 기초를 다지고 무용예술의 발전을 가져오는 등 북한의 문예 정책에도 크게 공헌했다. 때문에 북한 무용계의 권력자로서 군림하게 되었는데, 이것이 북한이 주체 사상을 정치 이념으로 내세우면서 체제를 강화하기 시작한 1960년대 후반에 그녀를 추방시키는 요인의 하나로 작용하게 된 것으로 보인다.

6. 맺음말

월북 이전, 최 승희의 무용 활동은 당시의 조선 민족으로 하여금 민족적 긍지를 지니게 한 반면 친일적인 자세와 작품의 전통성 및 철학성의 부재로 그녀의 무용은 지양되어야 한다는 비판도 있었다. 그러나 조선 민족으로서의 자부심을 가지고 근대 무용 정신에 기초하여 새로운 조선 무용을 창조했으며, 동과 서의 융합을 시도하여 남북한 무용 문화에 지대한 영향을 끼치면서 신무용의 전형으로 남북한 무용사의 한 자리를 채워 왔다. 월북 이후에는 각 지역을 방문하여 무용 인재를 발굴하는 시스템을 구축하였고, 조선 무용과 현대 무용을 결합한 조선 민족 무용의 기본을 발레와 같은 체계로 기호화하고 정리하여 조선 무용의 이론적, 실천적 체계를 마련함으로써 북한 무용예술의 기초 확립의 기틀을 다졌고, 무용 반주 악기의 개량으로 북한 음악에 획기적인 영향을 끼치는 등 그녀의 무용 표현 양식은 북한 무용 양식의 전형으로 계승, 발전해 왔다.

최 승희의 춤은 그녀가 추방된 후에도 권력적 성격을 지닌 '전통'으로 계승되어 북한의 사회 변화와 당시의 문화 구조를 반영하면서 변용되어졌다. 최 승희 춤의 변용은 정치, 경제적 요인에 의한 의도적인 것으로, 조선 노동당의 정책을 선전하고 민중을 혁명으로 이끌어낸다는 목적 하에 그녀의 무용을 기본으로 시대성과 현대성을 부여하면서 선율적이고 약동감 넘치는 무용으로 양식화하여 발전시켜 온 데 연유한다. 여기서 북한이 무용 문화의 가치를 사회적 기능에 두며, 전통성 있는 무용은 항상 현대화시켜 나가고 있음을 알 수 있다.

그녀가 무용계에서 사라진 이후 북한을 대표하는 춤으로 소개되고 있는 여러 다양한 무용 형식의 작품들이 있다. <눈이 내린다>, <조국의 진달래>, <키춤>, <사과풍년> 등의 4대 혁명 무용을 비롯하여 민속 무용의 대표작인 <부채춤>, <사당춤>, <칼춤>, <도라지>와 민속무용 조곡 <계절의 노래>에 나오는 무용 소품들, 그리고 <사도성의 이야기>를 모태로 창작한 민속 무용극 <평양성 사람들> 등이 최 승희의 작품을 개작 또는 재구성한 것들이거나 그녀의 제자들에 의해 창작된 작품들이다. 더욱이 북한 춤의 기본은 <최 승희류 조선 무용>을 좀 더 기교적으로 발전시킨 것으로서, 오늘날에도 북한 춤의 기초 훈련에서 추어지고 있다. 무용 분야의 무형문화 제도가 없는 북한이지만 '명작 무용'이라는 이름 아래 지금까지 계승되어지고 있는 춤들이 있는 점에서 최 승희 춤은 무형 문화재와 같은 성격을 지니고 있다고 해도 무방할 것이다.

영국의 저명한 역사가이며 사회학자인 홉스 바움은 '전통'은 사실은 근래에 와서 인공적으로 만들어지고, 때론 날조된 것들이 많으며, 정치적인 의도 하에 창조되어진 문화라고 했다. 이런 관점은 북한뿐만이 아니라 한국의 전통, 그리고 그 예술과 이데올로기 관계에 대해서도 생각해볼 수 있게 한다.

참고문헌

리영환 · 정남선, 『조선무용사2』, 예술교육출판사, 1986.
김일성, 『김일성저작집』3 · 4집, 1979.
김채원, 『최승희춤-계승과 변용』, 민속원, 2008.
사회과학원역사연구소 편, 『조선전사』24권, 과학백과사전출판사, 1981.
조선예술편집위, 『조선예술』11집, 문학예술종합출판사, 1958.
최승희, 『조선민족무용기본』, 조선예술출판사, 1958.
김일출, 『조선민속탈놀이』, 한국문화사, 1998.

| Chapter 5 |

한국의 처용가무극

박 진태

1. 머리말

처용무는 신라시대에 창작되어 고려시대와 조선시대를 거쳐 현재까지 전승되는 최고(最古)의 궁중무용이다. 처용무에 대한 기록은 설화, 관극시, 악서의 형태로 이루어졌다. 그러나 연구는 국문학·역사학·연극학·민속학적 관점에서 이루어진 탓에 처용설화를 중심으로 처용의 정체를 구명하는 데 집중되었다. 그리하여 처용무에 대한 무용학적·미학적 연구는 저조하거나 심도 있는 논의가 부족한 형편이다. 따라서 처용설화를 처용무의 발생설화(유래담)로 보는 관점을 취하면서 '탈-춤'으로서의 처용무의 실체에 접근하려 한다.

그런데 처용무는 문학·음악·무용·연극이 미분화된 원시종합예술의 전통을 잇고 있어서 처용가를 수반하고 춤꾼이 탈을 착용하여 인격전환을 일으키기 때문에 처용극이기도 하다. 곧 처용무의 실상은 처용가무극의 종합적인 공연예술의 형태이다. 따라서 이러한 처용가무극의 총체적인 모습을 역사적 관점과 미학적 관점에서 살펴본다.

2. 형성과 배경

처용무의 형성 시기는 『삼국유사』의 <처용랑 · 망해사>조와 『삼국사기』의 <신라본기>에 의하면 신라 49대 헌강왕(875~886) 5년(879)으로 추정된다. <처용랑 · 망해사>조에 의하면, 처용무만이 아니라 용왕춤, 남산신춤, 북악신춤, 지신춤도 나라굿의 맥락에서 연행되었다.

① 헌강왕이 학성에서 노닐 때 개운포(開雲浦)에 갔다.

② 운무가 해를 가리므로 동해의 용을 위해 절을 짓기로 했다.

③ 용이 일곱 아들들을 거느리고 왕 앞에 나타나 무악(舞樂)을 바쳤다.

④ 용의 아들 하나가 왕을 따라 서라벌에 와서 왕정을 보좌했는데, 이름을 처용이라 불렀다.

⑤ 왕이 처용을 미녀와 결혼시켰다.

⑥ 왕이 처용에게 급간 벼슬을 내렸다.

⑦ 역신이 처용의 아내를 도둑질하므로 처용이 가무를 하여 물러나게 했다.

⑧ 국인이 처용의 얼굴을 그려 문에 붙였다.

⑨ 헌강왕이 영취산에 망해사를 지었다.

⑩ 포석정의 남산신, 금강령의 북악신, 동례전의 지신이 나타나 가무를 했다.

⑪ <지리다도파곡(智理多都波曲)>은 서라벌의 멸망을 예언한 산신의 노래였다.

굿의 구성구조를 <맞이굿-신유-싸움굿-화해굿-전송굿>으로 보는 관점을 취하면, 처용춤은 <처용이 개운포에서 서라벌로 와서(맞이굿)-미녀와 결혼한 뒤(신성결혼)-급간이 되어 역신을 가

무로 위협하여(싸움굿)-역신을 조복(調伏)시키는(화해굿)> 처용굿에서 연행된 탈춤이다.

이러한 처용굿은 각시광대가 서낭당에서 내림굿을 하고 마을에 내려와서 각시탈을 쓰고서 무동춤과 걸립(신유)을 반복하다가 마지막으로 선비탈을 쓴 청광대와 신성결혼식-초례(醮禮)와 신방(新房)-을 거행한 다음 탈을 동사에 보관하는 하회별신굿탈놀이와 아울러 양반광대(국사성황신)가 시시딱딱이(홍역의 신)에게 소매각시(여국사성황신)를 빼앗겼다 되찾는 강릉단오굿의 관노탈놀이와 대비하면, 처용탈을 쓰고서 독무(獨舞)를 추고, 미녀와 결혼하는 맞춤-대무(對舞)-을 추고, 역신에게 미녀를 빼앗겼다 되찾는 순서로 연행되는 탈춤놀이굿으로 재구성된다. 그러나 문헌기록과 전승자료는 처용무의 형태만 확인된다.

헌강왕은 왜 나라굿으로 처용탈춤굿을 형성시켰을까? 헌강왕 시대는 상대(박혁거세~진덕여왕/성골 지배) · 중대(무열왕~혜공왕/김춘추 직계의 왕권전제정치) · 하대(선덕왕~경순왕/진골 지배) 중에서 정치사회적으로 불안정했던 하대에 속하고, 그것도 후삼국으로 분열된 진성여왕(887~897) 시대의 직전으로서 이른바 태풍전야에 해당한 시기였다. 처용무는 헌강왕이 그러한 정치사회적 위기를 나라굿의 전통과 주술적인 예술관에 입각하여 해결하려고 형성시켰다.

3. 변모 과정

신라의 처용무에 대해서는 그 기능이 벽사진경(辟邪進慶)이었다는 사실만 전하고 구체적인 형태에 대한 묘사가 전무하다. 고려시대 이색(1328~1396)의 <구나행(驅儺行)>에서 비로소 처용무의 실체를 접하게 된다.

新羅處容帶七寶　신라의 처용은 칠보띠를 두르고
花枝壓頭香露零　머리의 꽃가지에선 향기가 물씬
低回長袖舞太平　긴 소매 낮게 휘두르며 태평무를 추는데,
醉臉爛赤猶未醒　발갛게 취한 얼굴 술이 덜 깼구나.

처용이 몸에는 칠보띠를 두르고, 머리에는 꽃가지를 꽂고, 긴 소매의 옷을 입고, 붉은 탈을 얼굴에 썼다. 처용탈의 색깔, 관모의 장식, 복색, 장신구 등에 관한 구체적인 정보들이다.

이색의 아버지 이곡(1298~1351)의 시에 의하면 처용무는 2인무였는데, 성현의 『용재총화』에서는 일인무가 오방무로 발전하였다고 하였다.

처음에는 한 사람으로 하여금 검은 베옷에 사모를 쓰고 춤추게 하였는데, 그 뒤에 오방처용이 있게 되었다. 세종이 그 곡절을 참작하여 가사를 개찬하여 봉황음(鳳凰吟)이라 이름하고, 마침내 묘정(廟廷)의 정악으로 삼았으며, 세조가 그 제(制)를 늘여 크게 악을 합주하게 하였다.

일인무를 추는 처용의 복색은 검은 베옷에 사모를 썼다. 그러나 『악학궤범』(1493)에 의하면 오방무를 추는 처용은 그 복색이 오방색이다. 성현은 세종(1418~1450)이 처용가를 봉황음으로 개찬하고, 세조(1455~1468)는 그 법제(法制)를 확장시킨 사실도 알려준다. 세종과 세조가 개혁한 처용무가 바로 <학·연화대·처용무합설>일 것이다.

『악학궤범』(제5권)의 <학 · 연화대 · 처용무합설>은 전도(前度)와 후도로 나뉘어 연행되었는데, 먼저 전도의 절차는 다음과 같다.

(구나의식 다음에 내정에 지당구를 설치한다. 악사가 두 동녀를 거느리고 들어가 연화 가운데 앉히고, 내정에서 나와 절차를 기다린다)

① 악사가 동발을 잡고, 오방처용, 집박악사, 향악공을 인도한다. 처용 만기(봉황음 일기)를 연주한다. 여기(女妓)는 처용가를 부르며 차례로 들어가 벌여 선다.

② 다섯 처용이 일자진(一字陣)으로 춤추다가 오방진으로 바꾼다.

③ 음악이 점점 잦아지면 봉황음의 중기를 연주한다. 여기는 노래 봉황음을 부른다. 다섯 처용은 법식대로 춤춘다.

④ 다섯 처용은 일렬로 만들고, 음악이 점점 잦아지면, 봉황음의 급기를 연주한다. 이어서 삼진작을 연주하면, 여기는 그 노래를 부른다. 다섯 처용은 법식대로 춤춘다.

⑤ 음악이 정읍의 급기를 연주하면, 여기는 그 노래를 부르고, 다섯 처용은 변무를 춘다.

⑥ 북전의 급기를 연주하면, 여기는 그 노래를 부른다.

⑦ 5인이 춤추며 나가고, 여기, 악사, 악공이 차례로 나가면 음악이 그친다.

전도는 처용이 왕 앞에 나타나 처용무 · 처용가 · 처용악(봉황음)만이 아니라 삼진작(가 · 악) · 정읍(가 · 악) · 북전(가 · 악)을 바쳐 덕화를 찬양하는 부분이다. 다시 말해서 무용은 처용무뿐이고 처용가와 함께 삼진작 · 정읍 · 북전을 가창하는 점에서 노래 위주의 정재이며, 종교주술적인 처용가만이 아니라 세속적인 오락요도 부름으로써 세속화되었다.

다음으로 후도의 절차는 다음과 같다.

① 동발을 든 악사가 선도하고, 청학, 백학, 청처용, 홍처용, 황처용, 흑처용, 백처용, 인인장, 정절, 개, 봉화무동, 여기, 집박악사, 향당악공이 각각 차례로 뒤따른다.

② 음악이 영산회상의 만기를 연주하면, 여기와 악공이 일제히 소리 내어 영산회상불보살을 부르며 들어가 벌여 선다. 음악에 따라 처용이 춤추고, 여기, 악공 및 의물을 잡고 가면을 착용한 무동들도 족도요신하며 환희한다.

③ 청학, 백학이 보허자의 영에 맞추어 연화를 쪼고, 두 동녀가 나온다.

④ 두 동녀가 지당구에서 내려가 정재한다.

⑤ 처용의 만기를 연주하면, 여기는 처용가를 부르고, 처용은 법식대로 춤춘다.

⑥ 미타찬을 연주하면, 여기 2인이 도창하고, 제기(諸妓)가 일제히 화창하며, 전과 같이 회선한다. 처용과 꽃을 든 무동은 환무하고, 나머지는 모두 요신 족도한다. 본사찬, 관음찬의 첫머리까지만 도창하여 따라 부르고, 관음찬 뒷부분은 제기가 일제히 소리 내어 노래를 부르며 각각 차례로 나가면, 음악이 그치고, 다 끝난다.

이와 같이 후도는 영산회상으로 시작해서 관음찬으로 끝나 처용가무가 불가의 괄호 안에 들어있는 짜임이다. 처용무, 학춤, 연화대(②③④)는 왕의 덕화를 찬양하는 정재이고, 처용 만기에 맞춰 부르는 처용가는 처용을 향한 주원(呪願)의 노래이며, 처용무는 처용이 악신(열병대신)을 제압하는 벽사진경의 춤이다. 그리고 미타찬, 본사찬, 관음찬은 처용을 조복하여 호법룡으로 만든 불보살(아미타불, 석가모니, 관음보살)을 예찬하는 노래들이다. 후도는 처용무와 함께 학춤과 연화대를 추는 점에서 무용 위주의 정재인데, 여기에서 불교적인 노래들을 불러 불교의식의 분위기를 조성한다.

이처럼 처용가무의 연출방식에 있어서 불교적인 요소가 없는 전도와 불교적인 색채로 채색된 후도가 대조적이다. 그뿐만 아니라 전도에서는 왕에게 노래를 곁들여 바치고, 후도에서는 무용을 곁들여 바치는 점도 대조적이다. 한편 오방처용무는 독립적으로도 연행되었으며, 궁중에서만이 아니라 사대부의 잔치에서도 공연되었다.

4. 가무극적 특징

1) 공연 시기

신라시대의 처용무는 신격 면에서는 용신춤이고, 기능 면에서는 구나무(驅儺舞) 내지 벽사의식무(辟邪儀式舞)였는데, 고려시대에도 궁중의 계동대나의(季冬大儺儀)의 대표적인 나무(儺舞)였다. 그리고 팔관회나 연등회의 정재로 연행될 뿐만 아니라 각종 궁중의 잔치에서도 고관과 임금이 처용무를 추었으며, 이런 현상은 조선시대에도 이어지면서 더욱 세속화 · 오락화되었다.

2) 처용의 탈과 복색

처용의 탈과 복색은 처용가에 다음과 같이 묘사되어 있다.

어와 아븨 즈이여 處容(처용)아븨 즈이여
滿頭揷花(만두삽화) 계오샤 기울어신 머리에

아으 壽命長願(수명장원)ᄒᆞ샤 넙거신 니마해
山象(산상) 이슷 깅어신 눈섭에
愛人相見(애인상견)ᄒᆞ샤 오올어신 누네
風入盈庭(풍입영정)ᄒᆞ샤 우글어신 귀예
紅桃花(홍도화)ᄀᆞ티 븕거신 모야해
五香(오향) 마ᄐᆞ샤 웅긔어신 고해
아으 千金(천금) 머그샤 어위어신 이베
白玉琉璃(백옥유리)ᄀᆞ티 히어신 닛바래
人讚福盛(인찬복성)ᄒᆞ샤 미나거신 ᄐᆞᆨ애
七寶(칠보) 계우샤 숙거신 엇게예
吉慶(길경) 계우샤 늘의어신 ᄉᆞ맷길헤
설믜 모도와 有德(유덕)ᄒᆞ신 가ᄉᆞ매
福智俱足(복지구족)ᄒᆞ샤 브르거신 비예
紅鞓(홍정) 계우샤 굽거신 허리예
同樂大平(동락태평)ᄒᆞ샤 길어신 허튀예
아으 界面(계면) 도ᄅᆞ샤 넙거신 바래

사모에는 꽃이 가득 꽂히고, 얼굴은 넓은 이마, 무성한 눈썹, 온전한 눈, 우그러진 귀, 붉은 뺨, 우묵한 코, 큰 입, 하얀 이빨, 주걱턱의 형상인 탈을 쓰고, 넓은 가슴, 부른 배, 긴 정강이와 같은 체형을 지닌 채 기울어진 머리, 숙인 어깨, 굽은 허리와 같은 자세를 취하고서 마당발을 들고 돌아서는 춤사위를 연출하는데, 복색은 소매가 늘어진 차림새이다. 그리고 음악은 계면조이다. 전체적으로 장방형 얼굴의 거구(巨軀)에 선과 악을 아우르는 폭소면(爆笑面)의 포용적인 모습이다.

『악학궤범』의 <처용관복도설(處容冠服圖說)>에는 처용의 탈과 복식의 그림과 함께 제작법이 기록되어 있다.

사모(紗帽) : 사모의 양쪽에 모란화 2송이가 꽂혀 있다. 열매와 잎이 달린 복숭아나무가지가 아치형으로 장식되어 있다. 사모는 대나무로 망을 엮어 만들고, 종이를 바른 후 그 위에 꽃무늬를 그린다. 모란꽃과 복숭아가지는 고운 모시베로 만들고, 복숭아열매는 나무를 갈아 만든다.

탈 : 유자나무〔椵木〕에 조각하거나, 베로 얼굴을 만들고 채색을 입힌다. 두 귀에는 납으로 만든 구슬을 주석(朱錫)으로 고리로 꿰어 만든 귀걸이를 단다.

의(衣) : 오방색인 청색, 황색, 홍색, 백색, 흑색 비단으로 만든다. 앞자락은 짧고 뒷자락은 길다. 목은 둥글고 넓으며, 가슴은 모나고 길어 천원지방(天圓地方)을 나타낸다. 앞뒤와 양 소매에 덩굴꽃무늬를 그린다.

이밖에 천의, 길경, 치마〔裳〕, 속바지〔裙〕, 한삼(汗衫), 대(帶), 가죽신에 대한 제작법이 기술되어 있다.

사모는 처용의 문관(文官) 신분을, 모란꽃은 생산신적 속성을, 복숭아가지와 귀걸이는 벽사 기능을 의미한다. 처용의 탈은 모두 벽사색인 홍색이지만, 웃옷은 오방색으로 구분하여, 처용이 재난과 악귀를 퇴치하는 나신(儺神)만이 아니라 중앙에서 사방을 다스리는 왕의 수호신임을 나타냈다.

3) 춤의 대형과 춤사위

춤의 대형은 원진(圓陣)·일자진·오방진(五方陣) 세 종류이다.

원진은 다섯 처용이 여기·악사·의장대(儀仗隊)와 함께 회선(回旋)하며 회무(回舞)를 추는 대형이다.

일자진(一字陣)은 우측(동편)부터 청·홍·황·흑·백의 순서로 북방을 향하여 일렬로 서서 춤추는 대형이다.

오방진(五方陣)은 일자진의 상태에서 홍처용이 춤추며 물러나 남방에 서고, 흑처용은 춤추며 북방에 나아가서 서는 진법(陣法)이다.

춤사위는 무릅(bo)디피춤, 홍정(紅鞓)돈움춤, 인무(人舞), 불바드ㅣ작대무(作隊舞), 수양수(垂揚手)무릅(bo)디피춤, 수양수오방무, 환장무(懽場舞), 족도 요신(足蹈搖身) 등이 있다.

이러한 오방처용무는 벽사의식무라는 점에서 민속탈춤의 가산오광대의 오방신장춤과 봉산탈춤의 사상좌춤에 그 잔영을 남겼다.

4) 처용가

(1) 신라의 처용가

동경 밝은 달에
밤 지도록 노니다가
들어서 자리에 보니
가랑이가 넷이어라.
둘은 내 해이고
둘은 뉘 핸고?
본디 내 해이다마는
앗은 걸 어찌하리요?
(서재극, 『신라향가의 어휘연구』)

처용이 환유적 수사법으로 역신과 아내의 동침 장면을 표현하고, '내 것'을 빼앗아 간 '누구'에 대해 분노하고 자신의 소유권을 주장하면서 '앗는 행위'를 질책하는 내용이다.

(2) 고려의 처용가

新羅盛代(신라성대) 昭聖代(소성대)
天下大平(천하태평) 羅候德(나후덕)
處容(처용) 아바
以是人生(이시인생)애 相不語(상불어)ᄒᆞ시란ᄃᆡ
以是人生(이시인생)애 相不語(상불어)ᄒᆞ시란ᄃᆡ
三災八難(삼재팔난)이 一時消滅(일시소멸)ᄒᆞ샷다
(중략)
누고 지어셰니오 누고 지어셰니오
바늘도 실도 어ᄡᅵ 바늘도 실도 어ᄡᅵ
處容(처용)아비롤 누고 지어셰니오
마아만 마아만 하니여
十二諸國(십이제국)이 다 모다 지어셰온
아으 處容(처용)아비롤 마아만 마아만 ᄒᆞ니여
머자 외야자 綠李(녹리)야
뺄리 나 내 신고홀 ᄆᆡ야라
아니옷 ᄆᆡ시면 나리어다 머즌 말
東京(동경) ᄇᆞᆯᄀᆞᆫ ᄃᆞ래
새도록 노니다가
드러 내 자리롤 보니
가ᄅᆞ리 네히로셰라
아으 둘흔 내해어니와
둘흔 뉘해어니오
이런 저긔 處容(처용)아비옷 보시면
熱病神(열병신)이아 膾(회)ㅅ가시로다

千金(천금)을 주리여 處容(처용)아바
七寶(칠보)를 주리여 處容(처용)아바
千金(천금) 七寶(칠보)도 말오
熱病神(열병신)을 날 자바 주쇼셔
山(산)이여 미하여 千里外(천리외)에
處容(처용) 아비롤 어여러거져
아으 熱病大神(열병대신)의 發願(발원)이샷다

고려 처용가는 처용을 출현시키기 위해 처용을 부르고(1~6), 출현한 처용의 외모와 춤사위를 치례하며 찬미하고, 신앙집단의 광포성(廣布性)을 들어 처용의 위대성을 거듭 찬미한(7~30) 다음, 그 신앙집단이 역신과 싸워 역신을 퇴치하고자 처용의 도움을 청원하면(31~45), 역신이 처용과 화해하고 물러가는(46~48) 식으로 내용이 전개되어, <맞이굿—신유—싸움굿—화해굿—송신굿>의 순서로 진행되는 무(巫)굿에 대응되는 희곡적인 무가(巫歌)이다.

5. 무용사적 의의와 문화재적 가치

처용무는 신라 시대(9세기 말엽)에 형성된 가무극 형태의 무용으로 조선 시대 초기에 일인무나 이인무 형태에서 오방무 형태로 확대되면서 무교적인 처용가만이 아니라 유교적으로 개작한 봉황음과 고려시대의 정읍사· 정과정· 북전과 같은 속악가사, 미타찬· 본사찬· 관음찬과 같은 불찬가도 가창되는 식으로 변모되어 무교적·유교적·불교적 기원과 함께 세속적인 오락 정신도 표출되는 종합 가무극으로 되었다. 그 뿐만 아니라 학춤과 연화대 같은 무용과도 결합됨으로써 속악 정재와 당악 정재가 융합되고 음악과 무용과 문학과 연극의 경계가 무너진 명실상부한 총체적인 공연문화예술의 진수를 보여준다. 이처럼 처용가무극은 한국형 대형 가무극의 원형이고, 뮤지컬의 원조이다. 이런 까닭에 처용무와 학·연화대 합설무를 분리시켜 문화재로 지정한 것은 재고되어야겠다. 또한 중국에서 개방 이후에 대형 가무극을 개발하고 있는 사정을 고려하면, 하루빨리 처용가무극을 원형 그대로 재구하여 한국형 가무극의 개발 모형으로 삼아야겠다.

참고문헌

박진태, 『탈놀이의 기원과 구조』, 새문사, 2000.
박진태, 『한국고전희곡의 역사』, 민속원, 2001.
『국역악학궤범』(Ⅱ), 민족문화간행회, 1985.
『악학궤범』(영인본), 대제각, 1973.
『2004중요무형문화재현황』, 문화재청, 2004.